Leroy Beskow

Tres Seres Divinos en la más Perfecta Unidad

AF547514

Leroy Beskow

Tres Seres Divinos en la más Perfecta Unidad

CREDO EDICIONES

Imprint

Any brand names and product names mentioned in this book are subject to trademark, brand or patent protection and are trademarks or registered trademarks of their respective holders. The use of brand names, product names, common names, trade names, product descriptions etc. even without a particular marking in this work is in no way to be construed to mean that such names may be regarded as unrestricted in respect of trademark and brand protection legislation and could thus be used by anyone.

Cover image: www.ingimage.com

Publisher:
CREDO EDICIONES
is a trademark of
International Book Market Service Ltd., member of OmniScriptum Publishing Group
17 Meldrum Street, Beau Bassin 71504, Mauritius

Printed at: see last page
ISBN: 978-613-3-90727-0

Copyright © Leroy Beskow
Copyright © 2020 International Book Market Service Ltd., member of OmniScriptum Publishing Group

CONTENIDO

Introducción.................................... 2
Creencias acerca de Dios...................... 3
Dios en la historia del cristianismo........... 5
El Dios de los hebreos.............................. 7
Dios singular y plural.......................... 10
La divinidad de Jesús según la historia y
la arqueología... 20
Las creencias de Dios en el cristianismo... 21
Jehová el Señor................................ 37
Señor no es sinónimo de Trinidad.......... 40
Dos imágenes en el trono........................ 40
Las personas de la Deidad..................... 42
La imagen de Dios.................................. 45
También veremos al Padre.................. 48
Nuevas investigaciones acerca del
Espíritu Santo.................................. 50
¿Son tres seres divinos?............................ 57
Isaías 43:10: texto clave para la deidad
de tres seres que no derivan de nadie....... 59
¿Qué significa a la diestra del Padre?......... 60
Dios es "uno", pero no inseparable.......... 62
El monoteísmo bíblico........................ 64
¿El hijo de Dios fue engendrado antes
de nacer en belén?...................................... 69
¿Por qué el "Hijo del Hombre" llegó a ser
el "Hijo de Dios"................................ 77
Dios es plural, pero no es tres Dioses........ 85

INTRODUCCIÓN

Respecto a la Deidad, la Biblia presenta al lector creyente dos verdades que son suficientemente claras:

1° Dios no es un Ser solitario (hebreo *yakjid*) que sólo puede dialogar con los seres que creó, sean ángeles, parientes nuestros de otros mundos o nosotros. Hasta los judíos, que son los que más se aferran a la unicidad de Dios lo reconocen, pues el mismo Dios dice que el hombre no fue hecho por una sola persona, ni que fue creado con la ayuda de alguien que no es Dios. Y, lógicamente, un ángel no tiene esta capacidad. Ahora que entendemos algo del ADN, el genoma y la complejidad de una sola célula, que es una ciudad en miniatura; y que hay que multiplicarla por miles de millones, sin la acción directa de Dios sería imposible.

2° Aunque Dios se escribe generalmente con el plural *Elohím* (Dioses, del singular *'El*), la Divinidad no está formada por dos dioses, tres dioses, o un politeísmo, pues Dios es "uno" (*ekjad*). Lo que nos queda por averiguar, es qué significa la palabra hebrea *ekjád*.

El título mismo de este libro ya puede producir antagonismos, y la lógica reacción puede ser: "Si el autor habla de tres Seres, es Triteísta, y por lo tanto queda condenado por la Biblia". Pero si habla de 'la más perfecta unidad', ¿qué querrá decir con esto?"

Hablar de la Deidad es hablar de lo infinito. Por eso es un tema donde todos sentimos un respeto especial y cierto temor de querer investigar lo que no nos corresponde como seres finitos. Pero pensándolo bien, y conociendo el carácter bondadoso y compasivo de Dios, nos enfrentamos con el mismo sentimiento que experimentamos cuando nos dirigimos a Dios en oración, teniendo en cuenta que él prefiere que no lo tratemos tanto como el Soberano de todos los mundos, sino más bien como un Padre amante y comprensivo, que se complace en estar con nosotros. Así que, sin abandonar este sentido de respeto a lo infinito y lo sagrado, hablaremos con él y de él en confianza, aprovechando lo que nos reveló a través de sus profetas. Y si hay algo que él vio necesario ocultarnos, porque no nos hace bien, o porque sabe que nosotros lo usaremos para mal, seremos respetuosos y humildes para no avanzar más de lo que nos dejó en su Palabra. Pero una cosa veremos: Que el estudio de Dios no es tan misterioso como muchos creen.

Es posible que con este estudio nos detengamos a considerar asuntos que algunos consideran impenetrables; pero espero que no confundamos esta tarea con lo que es prohibido. Es decir, que creamos que porque otros no llegaron a donde podemos llegar, estemos especulando acerca de lo que no ha sido revelado. Para nosotros, los dogmas establecidos por concilios; por famosos eruditos y aún por la mayoría, no es la Revelación. Ella es una sola: La Palabra de Dios. Sé que es muy fácil encontrar apoyo bíblico para sostener casi cualquier doctrina errónea. Pero la tarea llega a ser muy distinta cuando buscamos apoyarnos no sólo con un grupo de textos, sino con la Biblia como una **unidad** infalible. Es decir, cuando tratamos de ver si hay alguna declaración inspirada que parece estar en contra de nuestra posición. Estudiar un tema de esta manera lleva mucho tiempo, Pero siempre da como resultado una doctrina segura y llena de luz.

CREENCIAS ACERCA DE DIOS

El dios más antiguo que se conoce en la humanidad, fue el dios Bab-el de la antigua Babilonia, llamado después Baal por los adoradores sirios, caldeos y egipcios. Y el primer templo a la deidad fue *Bab-ilú*: que significa: "Puerta de dios", que era el templo edificado sobre la gran torre de la ciudad; y sobre ella el templo a Bab-el donde se adoraba al dios '*El*. Posteriormente, debido a la confusión idiomática que hubo (Génesis 11:6-8), se le llamó Balal (confusión). Los que quedaron, fundaron la Babilonia de los dioses, pues crearon un dios para cada día y para cada cosa. Los que se dirigieron al sur-este fundaron la antigua China, venerando al principio a la trinidad Daoista. Y los que se dirigieron al suroeste, levantaron sus pirámides para adorar a los dioses egipcios de la vida y de la muerte, conservando la adoración al dios Baal, representado por un becerro de oro.

Y así, cada pueblo creó su propio dios, su propia creencia y la forma de adorarlo. Hoy encontramos un dios para cada cosa, para cualquier necesidad y para cada deseo humano; incluso para que el que desea robar, reciba la bendición divina y no sea descubierto.

Distintos conceptos de Dios:

El politeísmo: Es la creencia que postula la existencia en varios o muchos dioses organizados jerárquicamente o en un panteón divino.

El katenoteísmo: Es la adoración a varios dioses, pero sostiene que solo se debe honrar a un Dios a la vez.

El triteísmo: Para Marción y Novaciano, el Padre, el hijo y el Espíritu Santo eran tres dioses distintos. Hoy tienen pocos seguidores.

El poli-triteísmo: Es la creencia en muchos dioses, pero tres de ellos son los principales. Los babilonios y los egipcios fomentaron esta creencia.

El malnismo; Es la adoración al dios malo de los dioses. El culto de la Iglesia de Satanás de Anton Lavey, en California, es un ejemplo.

El malteísmo: Es un concepto filosófico-religioso que propone un Dios cruel y malvado. Aunque parezca contradictorio, el biólogo ateo Richar Dawkins sostiene esta creencia. Es decir, para él no hay dios a menos que sea malo. Por lo tanto, argumenta que si los creyentes creen en Dios son unos ignorantes gobernados por un malvado.

Los unicitarios: Ellos sostienen la creencia de un Dios de una sola persona llamada Jesús, que según lo que hace es llamado Padre, Hijo o Espíritu. Pero como persona real divina, Jesús es el único Dios.

Los bi-unitarios: Creen que las dos personas divinas Padre-Hijo forman un solo Dios verdadero. Por lo tanto Jesús no fue una persona verdadera con vida propia.

El henoteísmo: Es la creencia y adoración centrada en un solo Dios, pero acepta la existencia de otros dioses.

El teísmo: Es la doctrina que afirma la existencia de un Dios creador del universo y que interviene en su evolución con independencia de toda religión.

El deísmo: Es la creencia en un Dios más trascendente que el universo, pero que no está involucrado activamente, sino solo a través de las leyes naturales. El deísmo no cree en ningún libro sagrado ni en milagros, sino que postula que el mejor camino para llegar a Dios es la razón y la naturaleza propia.

El biteísmo: Es la creencia en Dios de dos personas unidas, como creen algunos hebreos en Dios Padre y en el Espíritu de Dios (Génesis 1:1,2). Pero la mayoría de ellos sostiene que hay un único Dios el Padre de todos. Algunos cristianos sostienen que el Espíritu Santo es el espíritu del mismo Dios el Padre o del Hijo cuando es enviado. Por eso creen sólo en el Padre y en el Hijo.

El disteísmo: Es la creencia de que Dios existe, pero no es completamente bueno y que es posiblemente malo.

El humanismo: Acepta la existencia de los dioses, pero sostiene que cada alma de las personas que actúa después de su muerte, llega a ser dios (creencia de la antigua Babilonia fomentada por Nimrod).

El unitarianismo: El verdadero Dios es Jesús. Pero al mismo tiempo creen que Jesús es el Hijo de Dios (¿de él mismo o de un padre?).

El impateísmo: Es la creencia en la existencia de un solo Dios creador, pero que no es importante para la salvación de la persona ya que, según ellos, la persona se salva según su conciencia. Además que es un dios únicamente creador pero no intercesor.

El psiloteismo: Es la creencia basada en dioses buenos y malos. Y rinden culto a quien sea el ganador.

El pan-animismo: Sostiene que toda la realidad es vida, el universo es una totalidad viviente. Todo ser posee un alma, todos los seres reflejan el universo y por eso deben ser dignos de respeto.

El pan-deísmo: Rama del deísmo que postula que Dios no sería trascendente al universo, sino que el universo y Dios serían uno solo. Así que Dios sería inmanente a todo al crear el Universo para luego fundirse en el mismo Universo.

El pan-teísmo: Es el concepto religioso que propone que todo lo que está en la naturaleza es una manifestación de Dios; y que la misma naturaleza es Dios.

El poli-uniteismo: Este deísmo afirma la existencia de los dioses de la mitología griega, pero que son gobernados por un solo Dios. En el areópago, Pablo de Tarso quiso guiarlos al Dios verdadero, pero con el fin de que abandonaran a los que no eran más que inventos de sus antepasados.

Uniteísmo: Acepta la existencia de un dios para cada familia.

El universalismo: Propone que todas las religiones son parte de un todo que llamamos Dios. No hay una religión que sea la verdadera sino que es Dios la suma de todas las religiones.

El "modalismo": Sabelio (s.III) propuso la existencia de un solo Dios con tres nombres: "Padre" en el Antiguo Testamento, "Hijo" desde la encarnación y "Espíritu Santo" desde el Pentecostés.

El monoteísmo: a) Es la creencia en la existencia de un único Dios verdadero y eterno; creador, benevolente, y padre de la creación. Si se nombrara a otra persona divina, no sería verdadero Dios, sino su hijo, o una semi-persona derivada del verdadero y real. El unitarismo pentecostal sostiene esta creencia, pero no se lo atribuyen al Padre, sino a Jesús.

b) Otra forma de monoteísmo es la adoración al Dios *Elohím*, plural de *Èl*, en un gobierno divino de más de una persona divina, pero en una armonía tal, que llegan a ser como una sola unidad divina *ekjat* (juntar en unidad). De esta manera contrasta con las religiones politeístas, cuyos dioses tienen la característica de vivir entre constantes luchas internas por la supremacía.

DIOS EN LA HISTORIA DEL CRISTIANISMO

Los primeros problemas que surgieron respecto a la naturaleza de la Deidad, lo destaca el apóstol Juan en su primera carta: "Todo espíritu [creyente] que no confiesa que Jesucristo ha venida en carne no es de Dios" (1 Juan 4:3). Aquí se ve la poderosa influencia de la civilización griega y su creencia platónica acerca de la santidad y naturaleza de Dios. Como todo lo que es corpóreo es malo y pecaminoso, Dios no puede tener una naturaleza física. Por lo tanto, si Cristo es divino, no pudo haber venido para nacer realmente de la naturaleza humana, y menos poseer un cuerpo físico. Si fue visto con un cuerpo, solo fue en apariencia, porque era un espíritu. En el siglo II se fortaleció esta idea en el gnosticismo cristiano, anunciando que Jesús no se encarnó, y el Dios del Antiguo Testamento de la Biblia fue obra de un ser maligno.[1]

Pero en los siglos II al IV se produjeron los mayores cambios doctrinales. Entre el 180 y el 200 de la era cristiana, Noeto enseñó que Cristo era el Padre mismo. Y por lo tanto el que murió en la cruz fue el Padre. En el año 215 dC., Tertuliano fue el primero en usar el término "Trinidad", que no aparece en la Biblia, con el fin de resumir el concepto de la unión que existe en las tres personas divinas. Anteriormente, Teófilo de Antioquía ya había usado la palabra griega *trias* o tríada para referirse a Dios.[2]

Orígenes de Alejandría creía en la Trinidad, pensando en un Dios verdadero que es Padre, y que Jesús nació del Padre antes de la creación, llegando a ser un dios menor por ser

---

Todo el énfasis en **negrita** es y será mío.

[1] Williston Walker, *La historia de la Iglesia cristiana (HIC)*, (Buenos Aires, Edit. La Aurora), p. 56.

[2] Gabino Uríbarri Bilbao, *Monarquía y Trinidad*, (Univ. Pontificia de Comillas, 1996), págs. 127-28.

una criatura. Pero el Espíritu Santo, el tercer dios, es una criatura espiritual mayor que Jesús, aunque menor que el Padre, pues es el único verdadero Dios.[1]

El teólogo Novaciano (s.III) vio esos errores y trató de explicar que Dios es "uno", pero no en persona, sino en propósitos y atributos divinos. Y propuso una Trinidad social, pues Cristo y el Espíritu son Dios como el Padre, formando en unidad.[2]

Atanasio de Alejandría (296-373 d.C.) fue uno de los que formaron las bases de la teología trinitaria de la Iglesia Católica: "La fe católica quiere que adoremos la Trinidad en la unidad y la unidad en la Trinidad, sin confundir a las personas y sin separar la substancia divina".[3]

En el siglo IV, Agustín de Hipona, en su obra *De la Trinidad,* dijo que "No son tres dioses, ni tres buenos, sino un Dios, bueno y omnipotente, que es la Trinidad".[4] Pero nunca explicó por qué al único Dios le llamó "Trinidad". Sabelio pensaba algo semejante. Para Pablo de Samosata Jesús era un hombre muy espiritual que Dios le llamó Hijo, pero que no tenía la substancia divina. La enseñanza de Calixto era parecida, y afirmaba que cuando Jesús fue resucitado por Dios, fue elevado a la condición de una deidad.[5]

La definición del Concilio de Nicea llegó al acuerdo de que el Hijo es consustancial con el Padre. Esta formulación fue cuestionada, y la Iglesia pasó por una generación de debates y conflictos, hasta que la fe de Nicea fue reafirmada en Constantinopla en el 381 d.C.

En Nicea toda la atención fue centrada en la relación entre el Padre y el Hijo, y no se hizo ninguna afirmación similar acerca del Espíritu Santo. Pero en el 381 d.C., en Constantinopla, se indicó que el Espíritu Santo es adorado y glorificado junto con el Padre y el Hijo, sugiriendo también que era consustancial a ellos. Esta doctrina fue posteriormente ratificada en el Concilio de Calcedonia en el 451 d.C., sin alterar la substancia de la doctrina aprobada en Nicea en el 325 d.C.[6]

Según el XI Concilio de Toledo (675) el Padre, el Hijo y el Espíritu Santo son iguales en cuanto a su naturaleza o sustancia, mas son distintas en cuanto a la distinción de personas.[7]

El Cuarto Concilio de Letrán (1215) agregó: "En Dios solo hay una Trinidad, ya que cada una de las tres personas es esa realidad, es decir, sustancia, esencia o naturaleza divina. Esta realidad no engendra ni se origina; el Padre engendra, el Hijo es engendrado y el Espíritu Santo procede. Por lo tanto, hay una distinción de personas pero una unidad de naturaleza. Aunque, por lo tanto, el Padre es una persona, el Hijo otra persona y el Espíritu Santo otra persona, no son realidades diferentes, sino que lo que es el Padre es el Hijo y el Espíritu Santo. Todos son iguales, por lo tanto, según la fe ortodoxa y católica, se cree que son consustanciales.7

---

[1] Walker, *HIC,* pp. 81-83.
[2] Ibid., p. 76.
[3] *La Santísima Trinidad: su origen e historia.* https://www.religionenlibertad.com/blog/40077/la-santisima-trinidad-su-origen-e-historia.html.
[4] Walker, *HIC,* p. 180.
[5] Ibid., p. 75.
[6] Idem.
[7] Toledo-11. *The Eleventh Council of Toledo* (675). (Visto el 11-1-2019).

En 1877, Jaime White manifestó el descontento de muchos estudiosos cristianos en su época, de esta manera: "La inexplicable Trinidad que hace a la deidad tres en uno y uno en tres es lo suficientemente mala, pero ese unitarianismo que hace a Cristo inferior al Padre es peor".[1]

En resumen, la doctrina de la Deidad ha sido y sigue siendo bastante confusa.

EL DIOS DE LOS HEBREOS

Los hebreos siempre tuvieron un concepto equivocado de la "unidad" de Dios. Y nos sorprende, porque ellos saben mejor que nadie, y lo reconocen, que la expresión que los profetas emplearon para referirse a esa "unidad", no es la unidad numérica de unicidad absoluta. Además, ellos nunca creyeron en un Dios triuno, sino sólo en el "Dios" que nosotros conocemos como "Padre", y que al principio ellos le llamaron "*YaHWeH Elohim*", y después "*Adonay*". La Deidad cristiana se desarrolló con este concepto judío del Dios único, con el agregado de dos personas. Es decir, con la Deidad del Dios Padre, como único Dios verdadero, más un Señor y un Espíritu Santo.

Hoy los judíos expresan su creencia de esta manera: "Moshé [Moisés] le recordó al pueblo que no se había visto ninguna imagen al escuchar a Dios en el monte Sinai. Les enseñó a recitar, dos veces al día: "Escucha, Oh, Israel, **Dios** es nuestro **Dios**, **Dios** es uno". Cuando decimos que "Dios es uno", no sólo nos referimos a que hay un único Dios. También decimos que no tiene partes, ni cuerpo, ni forma, y no puede ser comprendido o definido de manera alguna.[2]

¿Observó que en la *shemá* de Deuteronomio 6:4 "Dios" aparece tres veces? Literalmente en hebreo Moisés escribió: *Yahweh-Elohím-Yahwé* ("Yahweh" significa Dios eterno, que siempre es o existe: Éxodo 3:13-15). Además "Dios" (hebreo *Êl*) está en el plural *Elohím*, es decir Dios plural, que algunos creen que también puede ser traducido como "Dioses" (después veremos por qué el plural de Dios no llega a ser Dioses).

Aunque los judíos reconocen que Jesús de Nazaret fue un gran maestro de su nación, no estuvieron dispuestos a cumplir buena parte de sus enseñanzas. Y una de las razones es porque él les decía: "¿Por qué también vosotros quebrantáis el mandamiento de Dios por vuestra tradición?" (Mateo 15:3). En ninguna parte de las Santas Escrituras dice que Dios es uno solo, singular y único (hebreo *yakjid*), sino *ekjád*, que significa hacer uno, unir, juntar o elegir uno de una pluralidad (volveremos a esto). Por eso Moisés escribe generalmente

---

[1] Elena G. de White, *Review and Herald*, 29 de noviembre de 1877. En adelante será *RH*.

[2] *¿En qué creen los judíos?* https://es.chabad.org/library/article_cdo/aid/3242938/jewish/En-qu-creen-los-judos.htm.

Elohím (Dios plural): "Entonces dijo Dios [*Elohím*]: **Hagamos** al hombre a **nuestra** imagen, conforme a **nuestra** semejanza" (Génesis 1:26).

Pero después de 35 siglos que esto fue escrito por Moisés, los judíos siguen insistiendo: "No sólo nos referimos a que hay un **único** Dios. También decimos que **no tiene partes, ni cuerpo, ni forma**"[1] ¿Entonces tenemos la forma de un Ser sin cuerpo, ni forma", según leímos en Génesis 1:26? ¿Entonces Moisés mintió al escribir que vio la "espalda" y una "mano" de Yahweh, y aseguró que tiene "rostro" (Éxodo 33:20-23)? Con este ejemplo ya podemos ver por qué hay tantas creencias acerca de Dios, a pesar que la doctrina esté basada en el mismo libro de Dios que se dice respetar.

En el Antiguo Testamento, la palabra "Dios" se encuentra unas 2.800 veces. Unas 2.500 está escrita en el plural '*Elohím*); 213 veces como Dios singular en su forma básica '*El*. En arameo se lee 95 veces como Dios singular *Elah*; y 57 veces como Dios *Elowahh.*

Cuando damos un vistazo general por el Antiguo Testamento para ver cómo se emplea esta palabra, es fácil llegar a la conclusión de que los profetas le dieron a Dios '*El* y '*Elohim* un mismo significado. Y como la creencia hebrea era, y sigue siendo absolutamente monoteísta, al plural '*Elohim* se lo interpreta con la misma singularidad que '*El*. Esto se lo ve más claramente en los salmos, donde los autores buscaron mayor número de palabras sinónimas para la rima de sus expresiones poéticas cantadas. Pero si hacemos una investigación más profunda, nos encontraremos con algunas revelaciones que deseo destacar, a fin de poder comprender mejor el misterio de la unidad en la Deidad.

Para los judíos, hay un único Dios verdadero creador de "muchos dioses y muchos señores" (1 Corintios 8:4-6; Mateo 22:44-46), y es "el Padre" (Juan 8:41). Si hay otro que debe ser adorado, como le pidió Dios al rey David, es el Dios "Hijo" (Salmos 2:7, 12) como un Dios menor, como "el Ángel de Jehová", o como el rey David, nunca como Jehová o Yahweh mismo (Éxodo 3:2-6). Y si en la Biblia se habla del "Espíritu de Dios", como se lo nombra en la creación terrestre (Génesis 1:2), sería como un poder espiritual del mismo Dios Padre, no de una tercera persona divina, pues Dios es único.

Si bien algunos judíos entendían que el "Hijo del Altísimo" es un Ser enviado del cielo, el argumento de Pablo de Tarso en su carta a los Hebreos, es que Cristo es más que un Ángel de Dios (Hebreos 1:5-10); y más que un '*elohim* (dios) común, como ellos llamaban a los ángeles (Salmos 8:5 con Hebreos 2:7) y a los líderes de su pueblo (Salmos 82:6; Juan 10: 34,35). Por eso, el argumento que eligió Jesús para hacerles ver su error, fue la declaración de Salmos 110:1, donde Jehová aparece hablando con un Ser que también es Señor:

"**Yahweh** dijo a mi **Señor**: Siéntate a mi diestra". Y diez siglos más tarde Jesús de Nazaret pregunto a los judíos que le escuchaban: "¿Qué pensáis del Cristo? ¿De quién es hijo? Le dijeron: De David. Y él les dijo: ¿Pues cómo David en el Espíritu le llama Señor, diciendo: "Dijo **el Señor a mi Señor**: Siéntate a mi diestra? [...]. Si David le llama Señor, ¿cómo es su hijo? Y nadie le podía responder" (Mat. 22:41-46). Y esto a pesar que conocían las declaraciones de David en Salmos 2:7,12, donde dice que ese segundo "Señor" que debe ser adorado, no llegó a ser literalmente Hijo del Padre antes de la creación de nuestro mundo, sino "Hijo" en un tiempo futuro al reinado de David: "Publicaré el decreto".

En su carta a los Hebreos, Pablo sigue argumentando: "Porque ¿a cuál de los ángeles dijo Dios jamás; 'Mi Hijo eres tú, yo te engendré hoy'. Y otra vez: **'Yo seré su Padre, y él será mí Hijo'**?" (Hebreos 1:5). A ninguno de los ángeles de Dios el Señor podía decir: "Yo seré su Padre", pues si existían es porque ya eran sus hijos. En cambio al que llamaba "Señor" sentado a su diestra, llegaría a ser hijo cuando ya estaba existiendo. ¿Desde cuándo? El profeta Miqueas lo dice así: "Pero tú Belén Efrata, pequeña entre los millares de Judá, de ti saldrá el que será Señor en Israel. **Sus orígenes son desde el principio, desde los días de la eternidad**" (Miqueas 5:2).

Aclaro que con esto, Pablo de Tarso no probó que ese Hijo de Dios nacido en Belén de Judá fue Jesucristo, el que murió crucificado en el Calvario fuera de los muros de Jerusalén. Podría ser otro. Pero las pruebas las presentaré después con su ayuda, el resto de la Biblia y la historia extra-bíblica junto con la arqueología.

En cuanto a la existencia del Espíritu Santo, la mayoría de los hebreos tuvo un conocimiento muy oscuro (Hech. 19:1,2). Para ellos no podía ser otra persona divina, porque entonces Dios habría dejado de ser único. Más bien era un poder enviado de Dios por medida, así como una porción o parte de Dios (Núm. 11:25; 2 Rey. 2:9); como un "soplo" inteligente que viene de la boca del Padre (Job 32:8); y principalmente como algo —gas o emanación de Dios— que se puede **derramar** sobre el hombre (Isa. 32:15; 44:3; Eze. 39:29; Joel 2:28). Ese fue también el pensamiento de los creyentes de Éfeso (Hech. 19:1,2). Y los pocos que sabían algo de él en los días apostólicos, también lo compararon con algo que se derramaba sobre los creyentes (Hech. 2:17,18; 10:45; Rom. 5:5), o que se añadía en porciones hasta llenarlos (Luc. 1:5,41; 4:1; Hech. 2:4; 4:8,31; 6:3; 7:55; 9:17; 11:24; 13:9; Efe. 5:18); como una luz que se podía apagar (1 Tes. 5:19), y como un soplo de Dios (Juan 20:22).

Es posible que los escritores bíblicos se expresaran así porque ese era el pensamiento generalizado. Por lo menos sabemos que Jesús así lo hizo una vez al soplar ante sus discípulos (Juan 20:22). Pero cierto día el Revelador dijo que "Dios **no** da el Espíritu **por medida**" (Juan 3:34); por la sencilla razón de que él "es tanto una persona como Dios es una persona";[1] y una persona no se da por medida: Está plenamente o no lo está. Debe quedar claro que la omnipresencia no es la división en partes pequeñas del Espíritu Santo, ni un mecanismo de multiplicación como la clonación. Si el hombre llegara a clonar al ser humano, podría hacer miles de uno solo, pero eso no sería omnipresencia. La omnipresencia es una capacidad divina que excede la capacidad humana, y permite a Dios estar en persona, es decir plenamente presente (sin "medida") en todas partes a la vez. Y por eso no puede presentarse con su "imagen" (Génesis 1:2,26).

Es verdad que el Espíritu de Dios puede obrar en algunos creyentes en mayor "medida" que en otros. Pero es en su obra, no en su naturaleza. Y esto se debe a que no todos le permiten obrar con el mismo poder, ya que Dios es muy respetuoso de nuestro libre albedrío.

---

[1] White, *Manuscritos,* 66, 1899, en Departamento de Educación de la Asociación General, *Principios de Vida (PDV),* (Bs. As.: ACES, 1965), p. 37.

Así que, salvo su clara posición monoteísta extrema, el pensamiento hebreo acerca de la Deidad fue siempre muy confusa.

DIOS SINGULAR Y PLURAL

Moisés recibió la esmerada educación de sus padres israelitas acerca de un Dios único *'Elohim*. Ese "Dios" (*'Elohim:* plural de *'El*) era el que habían creído desde Abraham (Éxodo 3: 6,15, 16; 4:5). Pero un día se apareció Dios en una zarza ardiente como "el **Ángel de** Jehová" (3:2), siendo en realidad él mismo "**Jehová**" como el Padre (3:4), "y dijo: Yo soy el Dios (*'Elohim*) de tu padre, Dios de Abraham, Dios de Isaac, y Dios de Jacob" (3:6). "YO SOY EL QUE SOY [...] **Jehová**, el Dios (*'Elohim*) de vuestros padres [...] Este es mi nombre para siempre" (3: 14,15).

Para Moisés y los hebreos, "Jehová" no podía ser otro que el Dios Padre. Por eso en sus escritos nos revela que él no entendió que ese "Ángel" (que significa enviado) era el Dios igual al único Dios que creía conocer. Y en las visiones que recibió, se sorprendió al saber que Dios Padre[1] hablaba con otras personas, diciendo: "**Hagamos** al hombre **a nuestra imagen**, conforme **a nuestra semejanza**" (Génesis 1:26). Y más tarde dijo, "es como uno de **nosotros**" (3:22); "**descendamos y confundamos**" (11: 7). ¿Quiénes eran esas personas con quienes él hablaba? No podían ser ángeles querubines, porque en ese caso Moisés no podría haber escrito: "Y creó Dios [*'Elohim*] al hombre a su imagen, a imagen de Dios [*'Elohim*] lo creó" (1:27), sino: "Y crearon Dios único y los ángeles al hombre, a imagen de Dios y los ángeles lo crearon".

Estoy de acuerdo con la *best seller* Elena G. de White (EGW) cuando dijo: "**Fue Cristo** quien habló a Moisés desde la zarza del monte Horeb diciendo: '**YO SOY EL QUE SOY**". Esto lo afirma Pablo de Tarso en 1 Corintios 10:4, para hacernos entender que el Dios único que los hebreos creían que era el Padre, era el enviado Yahweh o Jehová de parte de Jehová (Éxodo 3:14-16), y que ese Jehová "era Cristo". Y su argumento en su carta a los Hebreos es que Cristo es más que el tantas veces anunciado "Ángel [enviado, mensajero] de Jehová" (Hebreos 1:1-10). De paso, muchos confunden "ángel" (que significa enviado) con un ser alado, conforme a las creencias politeístas.[2] Pero en ninguna parte de la Biblia dice que el "Ángel de Jehová", que Pablo dice que es Jesucristo, tenga alas y las use para venir del trono celestial a nuestro planeta, siendo que en cuanto a distancia, la "tierra" celestial se encuentran en los extremos del universo (Isaías 13:5,9-11). Esperar esto sería ridículo. Por eso Dios les dio a sus mensajeros la facultad de manejar el átomo y hacerse invisibles (Hebreos 1:7). Y por eso es que a pesar de una distancia de miles de millones de años luz, pueden

---

[1] ———, *Primeros Escritos (PE),* (California, Publicaciones Interamericanas, 1962), p. 145; *CS,* p. 705.

[2] Los símbolos alados del santuario de Moisés y de ciertas imágenes proféticas, eran muy familiares para los hebreos, después de vivir por varias generaciones en países paganos. Y no sólo les daban a sus dioses paganos un par de alas, sino que las multiplicaban para representar a los que querían darles mayor poder divino.

llegar en apenas 4 minutos, que fue el tiempo aproximado que el profeta Daniel terminó su pedido de oración (Daniel 9).

Moisés lo explicó de esta manera, que los hebreos todavía no lo pueden aceptar: "Dijo Moisés a Dios [*Elohím*: plural de Dios]: Si voy a los israelitas y les digo: 'El Dios de vuestros padres me ha enviado a vosotros', y ellos me preguntan: '¿Cuál es su nombre?' ¿Qué les responderé?" **Dios** respondió a Moisés: **"Yo soy el que soy"**[YHWY: Yahweh]. Y agregó: "Así dirás a los israelitas: '**Yo soy me ha enviado** a vosotros" [...] **Este es mi nombre** para siempre, este es mi memorial por todos los siglos" (Éxodo 3:13-15).

Queda claro, entonces, que tanto el Dios que envía como el que es enviado, ambos tienen el título de Yahweh o Jehová. Ninguno envía al otro porque es mayor, sino porque así lo habían planeado voluntariamente desde la eternidad.

"Siglos después, Isaías y el apóstol Juan vieron en visión el trono de la Deidad. Escucharon cómo los ángeles cantaban "Santo, Santo, Santo"; nombrando al "Señor", a "Dios" y al "Todopoderoso" (Isaías 6:3; Apoc. 4:8). Ahora no son solamente dos, sino tres. Isaías también vio la gloria de Cristo (Juan 12:41), que era una de las tres personas divinas, y escuchó sus palabras: ¿A quién enviaré, y quién irá por **nosotros**?" (Isaías 6:8). La expresión "nosotros" no hace referencia a un consejo divino con seres creados, porque el mismo profeta lo niega (Isaías 40:13,14). Por último, el apóstol Juan escribió lo que cierta vez oyó decir de los labios de Jesús: "**Yo** y el Padre uno **somos**" (Juan. 10:30). Es decir que, cuando el "YO SOY" que habló con Moisés, después habló con el Padre, el "YO SOY" singular llegó a ser "SOMOS" (*esmen,* plural) en unidad.

¿Cómo reaccionó Moisés, el primer profeta del canon bíblico, al ver las visiones acerca de la Deidad? Creo que es importante saberlo, pues su escritura debía servir de guía e influencia para los demás autores de la Biblia (Josué 1:7,8). La lectura del Pentateuco nos dice claramente que Moisés fue monoteísta. Por lo tanto, si el Dios verdadero es '*Elohim* (Dios plural), como decían sus padres, posiblemente pensó que la pluralidad debía ser entendida como una distinción frente a los dioses humanos. No fue, pues, extraño que él expresara: "Y dijo Dios ('*Elohim*)". Notemos que aunque Dios lo escribe en plural, el verbo "dijo" está en singular (Gén. 1:3, 6, 9,11, etc.).

Es muy probable que para Moisés, el Dios verdadero podía ser singular (*El*), si iba acompañado con un adjetivo superlativo o con otro adjetivo que pudiera distinguirlo de los otros dioses (Génesis 14:18-20; 28:3; 43:14; 48:3; Éxodo 6:3; Deuteronomio 7:21; 10:17, etc.); o formando palabras compuestas, como '*El Shaddai:* Dios Todopoderoso. Así se presentó Cristo a Abraham (Génesis 17:1, 2,4,6), y así le llamó Melquisedec, rey de Salén (14:18-22). También fue el Dios singular ('*El Shaddai*) que se presentó a Isaac (28:3) y a Jacob (35:11; 43:14; 49:25).

Sin embargo, en este caso Moisés también se hubiera encontrado con problemas. Y éstos aparecieron cuando él se dispuso a escribir textualmente lo que escuchó de Dios: "Entonces **dijo** Dios ('***Elohim***): **Hagamos** [...] a **nuestra** imagen [...] Y **creó** Dios (***'Elohim***) al hombre a **su** imagen, a imagen de Dios (***'Elohim***) lo creó" (Gén. 1:27).

Note qué confusa se torna la gramática del profeta, mezclando con el nombre de Dios, verbos y pronombres plurales con otros en singular. Si Dios es singular, todo tendría que haberse escrito en singular. De lo contrario todo en plural. Pero observe que esto se produce sólo cuando él mezcla sus expresiones con las que cita textualmente de Dios. Es decir, que aquí ya comenzamos a darnos cuenta que el profeta escribió estando en disonancia con el pensamiento divino. Se entiende que no lo hizo queriendo, sino por sus prejuicios. Notemos:

"Entonces **dijo '*Elohim*"** —es el comentario de Moisés— (*Elohim*): **"Hagamos** [...] **a nuestra imagen",** es palabra de Dios. "Y **creó '*Elohim* a su imagen, a imagen de 'Elohim lo creó"**, vuelve a ser el comentario del profeta. Es decir, que el problema del lenguaje surge cuando se expresa el profeta. ¿Por qué? Porque no puede aceptar la idea de un Dios plural, donde '*Elohim* se tenga que nombrar junto con verbos y pronombres en plural. Éste es también el pensamiento de la mayoría de los cristianos de hoy, pues erróneamente creen que si lo aceptan, estarían obligados a creer en un triteísmo. Por este prejuicio, para ellos la gramática de Génesis 2:7 y otros pasajes son un problema sin solución.[1]

Veamos otro ejemplo en Génesis 35:1-7:

Escribe Moisés: "Dijo Dios (*Elohim*) a Jacob" (el que habla no es toda la Deidad, sino el enviado. Pero él profeta escribe Dios en plural: *Elohim*).

Habla Dios: "Levántate [...] y haz allí un altar al Dios (*Èl*) que te apareció" (habla el enviado de Dios que se le había aparecido, no toda la Deidad. Por eso el Dios enviado se nombra a sí mismo *Èl: Dios* singular).

Escribe Moisés: "Y el terror de Dios ('*Elohim*) estuvo sobre las ciudades [...] Y edificó allí un altar, y llamó al lugar 'Elbet-'El, porque allí le había aparecido Dios" ('*Elohim*).

El Dios enviado se nombra Dios con el singular *Èl*. Y Pablo revela que el Dios que guio a Israel y habló también a Moisés desde "la **roca** era Cristo", Dios singular, no '*Elohim,* como aquí insiste Moisés (1 Cor. 10:4). Por eso él se presentó como Dios ('*El*). Pero más tarde, cuando Moisés entendió esto, se refirió a "la **Roca**" y al Creador" escribiendo correctamente Dios en singular '*El* (Deuteronomio 32:18).

En Génesis 35:11-13, "también le dijo Dios ('*Elohim*) [habla Moisés]: Yo soy el Dios ('*El*) omnipotente [dice Dios...] Y se fue de él Dios ('*Elohim*)"[habla Moisés].

Otra vez Dios enviado se presenta en singular ('*El*), y Moisés cambia el singular '*El* por el plural '*Elohim.*

En Génesis 46:2,3, Moisés escribe: "Y habló Dios ('*Elohim*) a Israel [...] Y dijo: Yo soy **Dios** ('*El*), el **Dios** ('*Elohim*) **de tu padre**".

---

[1] Sabemos que la verdad es progresiva, y eso se ve al leer los comentarios que nuestros eruditos hacen a través del tiempo. Por ejemplo, cuando en 1996 los estudiosos del *Biblical Research Institute* leyeron este estudio (era una versión anterior que decía lo mismo, pero menos documentada), me respondieron que era "una interpretación muy personal **sin ningún apoyo** en la evidencia bíblica". Nueve años más tarde apoyaban esta posición reconociendo que "Moisés no usa el verbo en plural como '*Elohim,* pero Dios está usando un verbo y un pronombre en plural con referencia a sí mismo" (Gerhard Pfandl, "*A Trinidade na Bíblia*", *Ministerio,* (Rodovia SP 127, km. 106: abril de 2005), p. 15).

Ahora Dios mismo hace notar a todo lector de los libros de Moisés, el error que el profeta recibió de sus padres, al dirigirse a Cristo con Dios plural, como si la segunda persona de la Deidad fuera toda Divinidad. Y esto, a pesar que él ya sabía que Dios se había presentado a sus padres como Dios *'El* (Génesis 31:11-13, etc.). Sin embargo, cuando Moisés vio a Cristo en el Sinaí, con toda "la plenitud de la Deidad corporalmente",[1] proclamó el nombre de "Jehová" y el de Dios *'El* —Luego veremos por qué—. También fue Dios *'El,* cuando el mismo Revelador habló de sí mismo delante de Isaías, preguntando con qué figura se lo podía comparar (Isa. 40:18-25).

No sabemos si después Moisés entendió perfectamente bien la unidad plural de Dios, pero en Éxodo 15:2, dice: "Jehová [...] ha sido **mi salvación**. Este es **mi Dios** (*El*), y lo alabaré; **Dios (*'Elohim*) de mi padre**". Aquí Cristo, el *'Elohim* de sus padres, ahora para él es *'El,* pues el Hijo de Dios no es toda la Deidad. Pero igualmente debe ser adorado, como reveló el rey David, pues el enviado del Padre también es Jehová Dios (Génesis 2:12).

Posiblemente los profetas no sabían si debían escribir Dios en singular o plural, porque a veces no sabían si el Revelador hablaba de sí mismo (singular) o de parte de la Trinidad (plural). Por ejemplo, cuando Dios escribió la ley con su dedo, empleó el plural *'Elohim,* salvo cuando en Éxodo 20:5 se presentó como Dios (*'El*) celoso. EGW comenta que "**Cristo y el Padre**, estando **lado a lado** sobre el monte, con majestad solemne **proclamaron** los Diez mandamientos".[2] En este caso el Hijo no podía presentarse como Dios *'El,* como lo había hecho en otras oportunidades, sino como *'Elohim.* En cambio, cuando se presentó con "el símbolo del matrimonio", el Esposo celoso de la "mujer" (iglesia), siempre sería Cristo sólo (Éxodo 34:14; Deuteronomio 4:24; 5:9; 6:15, etc.). Por lo tanto, aquí Dios debía ser el singular *'El.*

Otro interrogante para los hebreos, fue cuando Dios se presentó como Dios singular sin acompañar el nombre *'El* con un superlativo. En Génesis 31:3,11 se presentó como "Dios (*'El*) de Bethel", y como el "Ángel de Dios (*'El*). También como el "Dios (*'El*) que te apareció" (35:1); diciendo "Yo soy Dios (*'El*)" (46:3); "Dios (*'El*) celoso es" (Éxodo 34:14). Lo mismo ocurrió cuando Dios puso las palabras en la boca del profeta Balaam (Números 23:8, 19, 22, 23; 24:4, 8, 23).

Pero cuando los escritores inspirados entendieron que en la Revelación hablaba claramente una persona divina con otra, cada persona fue escrito con el nombre *'El.* En Salmos 22:1 David expresa sus sentimientos, y al mismo tiempo profetiza de Jesús (*Yeshúa*) clamando en la cruz: "Dios (*'El*) mío, Dios (*'El*) mío, ¿por qué me has desamparado?". Puesto que Jesús es Dios, que hablaría con Dios Padre, no podía ser *'Elohim* con *'Elohim,* sino Dios singular con otro en singular formando el Dios *Elohím.* Tampoco podía ser el *'Elohim* único de Moisés, ya que en ese caso se hubiera desamparado a sí mismo. Por eso Cristo mismo confirma esta expresión en su equivalente en arameo: *"Elí, Elí, ¿lama sabactani?"* (Mateo

---

[1] White, *EJ,* p. 69.

[2] ———, *El Evangelismo (Ev),* (Bs. As.: ACES, 1975), p. 447.

27:46). Lo mismo ocurre en Salmos 31:5, cuando David profetiza el clamor de Dios Hijo a Dios (*'El*) Padre: "En tu mano encomiendo mi espíritu" (Lucas 23:46).

En Salmos 89:26-34, cuando Cristo revela a David el pacto que el Padre hizo con él, dice: "El me clamará: Mi Padre eres tú, mi Dios (*'El*), y la roca de mi salvación. Yo también le pondré por primogénito" (Juan 20:17; Apocalipsis 1:5). Tampoco el Padre es la Trinidad ni el "primogénito"; por eso en este caso es el singular *'El*, que hace un pacto con el Hijo *'El*.

En la profecía del niño Jesús, en Isaías 9:6,7, Dios no es *'El*, porque va acompañado del vocablo "fuerte", sino porque el que se encarnaría sería **sólo** el "Verbo" de la Deidad. Por eso, en Isaías 7:14, cuando profetiza: "He aquí que la virgen concebirá, y dará a luz un hijo, y llamará su nombre Emanu'**El**" —que según traduce Mateo, "es: Dios con nosotros" (Mateo 1:23)—, ese "Dios" es otra vez Dios *'El*.

De acuerdo con las declaraciones del profeta Isaías, cuando Lucifer se propuso ser igual a Dios, no fue al principio con Dios Padre o con toda la Deidad, sino sólo con Dios Hijo (Isaías 14:13,14).[1] Cristo siempre se sentó en el trono "al lado" y "a la derecha" del Padre, es decir al lado sur de él (Juan 17:5; 1:1; Zacarías 6:13; Hebreos 8:1,etc.). Y cuando Lucifer vio que cierta vez ambos estaban en concilio, quiso pertenecer a él, queriendo ser *'El* (Dios) en el consejo de la Deidad (*'Elohim*); y sentarse en el asiento del trono que estaba en el lado "norte" (Isaías 14:13) —que por la contienda que se originó después, llegó a ser el lugar contra "la imagen del celo, la que provoca a celos" (Ezequiel 8:3)—. Esto nos muestra que entonces Lucifer no comprendía que el lado norte del Padre es el lugar para "el Espíritu", la tercera persona de la Deidad que está sin su "imagen" (Génesis 1:26,27), como veremos después.[2]

El último grupo de textos que quiero señalar, porque tiene una significación especial y porque destaca el empleo de la palabra *'El*, es Isaias 42:5,8; 43:10-12; 45:5,6; 21:22; 46:9; Daniel 11:36 y Oseas 11:9. En todos estos pasajes se hace una comparación entre Cristo y los dioses humanos. Aquí, el Hijo no es Dios *'El* porque es la única persona que es Dios, sino la segunda Persona (*'El*) de la Trinidad (*'Elohim*), frente a los *'elohim* terrestres.

Pero, si Moisés, sus padres y la mayoría de los hebreos, creyeron que en la mayoría de los casos Dios debía pronunciarse y escribirse con el plural *'Elohim*, para hacer una distinción entre los dioses humanos, esto fue dejado sin valor por el Señor y por otros profetas bíblicos, pues al mismo Moisés Dios le llamó "*'elohim*", de acuerdo a la costumbre de entonces (Éxo. 7:1; Jue. 11:24; 16:23,24; 1 Sam. 5:7; 1 Rey. 11:5,33; 18:27, etc.). De esta manera, el empleo de las expresiones *'El* y *'Elohim* terminaron siendo una confusión para todos los israelitas que creyeron en la Deidad de una sola persona.

---

[1] *CS*, pp. 548, 549.

[2] No olvidemos que en el santuario real del cielo, la obra del atrio del altar; del lugar santo con el altar del incienso (Hebreos 9:4) y el candelabro (Apocalipsis 22:5), lo realiza Cristo a la diestra del Padre mostrando las señales de su crucifixión, que es el verdadero santuario y "trono **de la gracia**" (Hebreos 8:1-6; 4:16), y del juicio desde 1844 (Proverbios 20:8). Por lo tanto, como ocurría en santuario de Moisés, donde el adorador debía hacerlo dando la espalda al sol (el este), también corresponde al lugar "norte" del trono del Padre, el lugar del Espíritu Santo que parecía estar vacío, y Jesús a la diestra o lado derecho del Padre (Hebreos 8:1,2).

Como en los manuscritos originales no se presenta una diferenciación de Dios mayúscula y minúscula, el prejuicio de los traductores de la Biblia añadió más confusión, escribiendo "dioses" en lugar de Dios plural '*Elohim* y viceversa. Por ejemplo, en Isaías 43:10, la versión Reina-Valera dice: "Antes de mí no fue formado **dios**, ni lo será **después** de mí". ¿Es verdad que "después" de Dios no fue formado ningún dios inventado por el hombre? Por supuesto que esto no es verdad. En la versión Biblia de Jerusalén dice: "Yo soy, antes de mí no fue formado otro dios, ni después de mí lo habrá". Es sabido que esto no es verdad, pues todo dios ('*el*) fue formado "después" de Dios ('*El*). En la Biblia católica de F. Torres Amat lo dice correctamente: "No fue formado antes de mí Dios alguno, ni lo será después de mí". También está como Dios mayúscula en la versión Nueva Reina-Valera 2000.

Entonces, lo que el Revelador quiso decirnos es que el Hijo, es el único de la Deidad que tiene derecho a perdonarnos porque murió en la cruz (no fue el Padre ni el Espíritu). Por eso lo reafirma Isaías en el verso siguiente diciendo: "Yo, yo Jehová, y fuera de mí no hay quien salve" (43:11). Y lo mismo hace Pedro en Hechos 4:12, al referirse a Jesús. Se entiende que las tres personas divinas están obrando para nuestra salvación. Pero la única de las tres personas divinas que tiene la autoridad es la que pagó con su sangre.

Entonces Isaías argumenta que el Salvador es Dios, y no hay otro Dios que fue formado "antes" ni "después" de él, porque las tres personas divinas son verdaderamente coeternas e iguales. Tenga esto en cuenta cuando hablemos del "Hijo eterno" —De paso, teniendo en cuenta esta corrección, este texto llega a ser uno de los más claros que podemos destacar a los judíos y a los que creen como los Testigos de Jehová. Y fortalece la fe del creyente, pues si Cristo es Dios, no dios, tiene no sólo el derecho de salvarnos, sino también el poder para hacerlo; y esto nos da seguridad de salvación. ¿Entiende usted la importancia que tiene la declaración de Isaías 43:10,11?

En Isaías 44:6-8 encontramos otras declaraciones inspiradas, que los monoteístas extremos señalan en la versión Reina-Valera como prueba de la singularidad de Dios: "Así dice Jehová [...] Yo soy el primero, y yo soy el postrero, y **fuera de mí no hay Dios**". En la versión Biblia de Jerusalén dice: "fuera de mí no hay ningún **dios**". ¿Cuál es la versión más correcta? Si creemos en la herejía de Marcelo y Teodoto (siglo II), de que Cristo es el mismo Padre que se encarnó como Hijo de Dios, y después vino en el Espíritu Santo, no tendríamos problema en aceptar ambas versiones. Pero, si creemos que el que guió a Israel y reveló al Padre era el Hijo de Dios (1 Corintios 10:4; Salmos 2:7; Éxodo 3:14-16), entonces tendríamos todo el apoyo de la verdad. Y aquí nos encontraríamos con el "Jehová [Cristo] **Dios de los dioses**" (Josué 22:22). Es decir la persona de la Trinidad que guió y enseñó a Israel (Isa. 44:7,8), y que llegó a ser su Rey y Salvador (1 Tim. 2:5); la misma que, según Juan en el Apocalipsis, es la que se le presentó como el "yo soy el primero y el postrero (Apoc. 1:17), "y que ha de venir" (1:8). Sabemos muy bien que quien se encarnó y quien regresará en gloria es el Señor Jesucristo. El Padre permanecerá en el cielo para darnos la bienvenida.[1] Por lo tanto, Isaías no dice que la Trinidad es un Dios singular y numéricamente uno, sino que el Dios Hijo es el único verdadero entre los "'*elohim*" (dioses humanos).

En Isaías 45:5 se traduce '*elohim* como '*Elohim*, relacionando a "Jehová" —que aquí también es Cristo (Gén. 12:7; 31:11; Gál. 3:16)— con "Dios", cuando es el Hijo con los '*elohim* humanos. En Isaías 45:21 quiere decir que no hay '*elohim* que sean como '*El* (Jehová-Salvador). Y en Isaías 46:9 es Cristo ('*El*) con los dioses ('*elohim*). Note como en Deuteronomio 32:39, donde la palabra '*elohim* aparece una sola vez, se traduce el mensaje correctamente: "Yo, yo soy [Jehová], y no hay dioses conmigo". Ya vimos que a los líderes del pueblo de Dios también se les llamaba dioses ('*elohim*) e "hijos del Altísimo" (Éxo. 7:1; 21:6; 22:8,9; Sal. 82:6; Jn. 10: 34, 35). Por supuesto, sin las características divinas que se le da al Hijo de Dios que murió para salvarnos.

Si los hebreos fueron duros para comprender a Dios, también lo somos nosotros:

Al conocer la historia del pueblo hebreo y sacar provecho de sus aciertos y errores, llama la atención la paciencia que al Señor tuvo que tener en su trato con ellos. Ningún otro pueblo fue favorecido tanto, ni Dios se manifestó tan abiertamente, guiándolos día y noche por el desierto a la tierra prometida, con esa "nube" protectora del sol quemante durante el día, y la nube luminosa de noche; con la alimentación gratuita por 40 años y la protección milagrosa de sus adversarios. Pero la primera generación era tan testaruda y tan difícil de ser corregida, que el viaje a la tierra prometida, que podía haber tardado menos de un mes, tuvo que durar 40 largos años, pues Dios vio que esa gente sería un gran problema para los demás.

Aun así, la nueva generación también tuvo que ser llevada cautiva por Babilonia y otros pueblos, debido a su desobediencia. Y hoy es un pueblo inteligente que se destaca al compararlo con sus vecinos, pero Dios no le permite que tenga un santuario para ser adorado por ellos; y el que está es de otro pueblo. Muchos de ellos entienden el significado: Dios no está dispuesto a que siga siendo su pueblo favorecido.

Pablo, judío del pueblo de Tarso, y doctor en leyes hebreas, lo explicó así: "No es que la Palabra de Dios haya fallado [en la promesa de Dios a Abraham], sino que no todos los que descienden de Israel son israelitas [...]. Esto quiere decir que no los hijos según la carne son los hijos de Dios, sino los hijos de la promesa son contados descendientes" (Romanos 9:6-8). Hay hebreos que no cumplen la condición del pacto, y los hay que lo cumplen y no son judíos. No es la nacionalidad o la raza, sino la fe y la obediencia al Dios de todos los pueblos. Cuando los dirigentes de Judá exclamaron con soberbia: "¡Fuera! ¡Fuera! ¡crucifícalo!, Pilato preguntó: ¿A vuestro Rey he de crucificar? Respondieron los pontífices: No tenemos más rey que César" (Juan 19:15). Así la teocracia hebrea llegó a su fin.

[1] *CS*, p. 704. EGW no contradice Mateo 25:31, porque allí se habla de "todos" los ángeles que cumplen deberes en el planeta Tierra. Recordemos que hay hijo de Dios en otros planetas del universo (Job 38:7; Efesios 3:15; Hebreos 12:23).

Y por no conducir a las naciones a Jehová, encerrándose en sí mismos, Dios encargó el evangelio de salvación a los santos de todas las naciones (Éxodo 19:5,6; Romanos 19:17; Mateo 28;19,20), así como el profeta Oseas anunciaba: "Con todo, será el número de los hijos de Israel como la arena del mar, que no se puede medir ni contar. Y en el lugar en donde les fue dicho: Vosotros no sois pueblo mío, les será dicho: Sois hijos del Dios viviente. Llamaré pueblo mío al que no era mi pueblo, Y a la no amada, amada" (Oseas 1:10; Romanos 9:25). De ahí la orden de Jesucristo: "Por tanto, id, a todas las naciones y haced discípulos en el nombre del Padre, del Hijo y del Espíritu Santo" (Mateo 28:19).

Pero, ¿cuántos aceptan el llamado en el mundo? Desde entonces se anuncia el Evangelio eterno de salvación. Han pasado dos milenios, y la mayoría prefiere el "desierto" de este mundo con sus problemas, que la patria que ofrece Dios. Hoy la gente es tan dura para entender la realidad como los israelitas del desierto. Pero a los pocos que oyen, el Señor les anuncia: "No temáis manada pequeña, porque a vuestro Padre le ha placido daros el reino" (Lucas 12:32). Será una manada pequeña al compararla con los miles de millones de todas las épocas. Pero igualmente serán muchos. Esa fue la promesa de Dios a Abraham, y no hay duda que el Señor cumplirá (Génesis 22:17).

La luz que siguen ocultando:

Jesús advirtió: "Mira, pues, que la luz que hay en ti, no sea tinieblas" (Lucas 1:35). "Y esta es la condenación: que la luz vino al mundo, y los hombres amaron más las tinieblas que la luz, porque sus obras eran malas (Juan 3:19).

Mientras Jesús predicaba sus mensajes de paz, había en Judea movimientos revolucionarios que se estaban preparando para liberar al pueblo del dominio romano. Varios estudiosos de las profecías estaban convencidos de que en esos días vendría el libertador de Judá, y pensaban que debían despejar el camino para su llegada. Y según las profecías de Daniel, pronto sería ungido rey, pues él lo había profetizado:

"Setenta semanas están determinadas sobre tu pueblo y sobre tu santa ciudad, para terminar la prevaricación, y poner fin al pecado, y expiar la iniquidad, para traer la justicia perdurable, y sellar la visión y la profecía, y ungir al Santo de los santos. Sabe, pues, y entiende, que desde la salida de la orden para restaurar y edificar a Jerusalén hasta el Mesías Príncipe, habrá siete semanas, y sesenta y dos semanas; se volverá a edificar la plaza y el muro en tiempos angustiosos. Y después de las sesenta y dos semanas se quitará la vida al Mesías, mas no por sí; y el pueblo de un príncipe que ha de venir destruirá la ciudad y el santuario; y su fin será con inundación, y hasta el fin de la guerra durarán las devastaciones. Y por otra semana confirmará el pacto con muchos; a la mitad de la semana hará cesar el sacrificio y la ofrenda. Después con la muchedumbre de las abominaciones vendrá el desolador, hasta que venga la consumación, y lo que está determinado se derrame sobre el desolador" (Daniel 9:24-27).

La profecía parte del tercer decreto para la reconstrucción de Jerusalén, cumplido por el rey Artajerjes el 457 aC.,[1] y se extiende por 70 semanas de años (día por año: Números 14:34; Ezequiel 4:6), es decir 490 años, que tomando en cuenta el año 0 entre las eras antes y después de Cristo,[2] nos lleva al año 27, cuando se inicia la última semana de años; y justamente entonces Jesús fue ungido en su bautismo como Mesías por la voz de Dios (Mateo 3:17). A la mitad de esa semana de años se le quitó la vida, y el año 34 se desató una feroz persecución contra los cristianos de parte del sanedrín judío, concluyendo con la del Imperio Romano.

SETENTA SEMANAS

490 años

7 sem.	62 semanas	1 sem.
457 aC.	0 27	31 34

Así la profecía de Daniel se cumplió clara y perfectamente. Nadie, fuera Cristo que nació en Belén, de acuerdo a la profecía de Miqueas 5:2; fue ungido por la voz audible que vino del cielo al ser bautizado (Mateo 3:17) y murió en la cruz en año 31 dC., pudo cumplir esas condiciones proféticas tan exactamente.

¿Y por qué la mayoría de los hebreos todavía no cree en él como el Mesías de la profecía? Porque no esperaban ver a su rey nacer en un oloriento pesebre, ni predicar con vestiduras de pobreza, sino como un poderoso descendiente de David que pondría fin a la tiranía de los romanos. Antes de Daniel, el profeta Isaías había señalado más detalles que no pudieron entender:

"¿Quién ha creído a nuestro anuncio? ¿y sobre quién se ha manifestado el brazo de Jehová? [...] no hay parecer en él, ni hermosura; **le veremos, mas sin atractivo** para que le deseemos. Despreciado y desechado entre los hombres, varón de dolores, experimentado en quebranto; y como que escondimos de él el rostro, fue menospreciado, y no lo estimamos. Ciertamente llevó él nuestras enfermedades, y sufrió nuestros dolores; y nosotros le tuvimos por azotado, por herido de Dios y abatido. Mas él herido fue por nuestras rebeliones, molido por nuestros pecados; el castigo de nuestra paz fue sobre él, y **por su llaga fuimos nosotros**

---

[1] El año 457 aC. está documentado como pocas fechas en la historia: Por papiros de Elefantina; lista de reyes del Canon de Ptolomeo; por observaciones astronómicas; olimpíadas griegas y por tablillas de la ciudad de Ur.

[2] La división de la historia en antes y después de Cristo, establecida por Dionisio el Exiguo en el siglo VI, estaba equivocada. Por eso Jesús nació realmente el año 4 aC. Y además, al dividir la historia, hizo perder un año, pues pasó del año 1aC. al 1dC., en lugar del 1aC. al año 0 y al finalizar ese primer año, el año 1dC.

curados [...] Angustiado él, y afligido, no abrió su boca; **como cordero fue llevado al matadero**; y como oveja delante de sus trasquiladores, enmudeció, y no abrió su boca [...]. Porque **fue cortado de la tierra de los vivientes**, y por la rebelión de mi pueblo fue herido. Y se dispuso con los impíos su sepultura, mas con los ricos fue en su muerte; aunque nunca hizo maldad, ni hubo engaño en su boca" (Isaías 53).

Ningún ser humano podía cumplir esta profecía, sino solo el Jehová Salvador anunciado por el mismo profeta (Isaias 43:11), pues, según los profetas, solo Dios puede salvarnos pagando por nuestras culpas (Ezequiel 18:20). Cristo es el cordero inocente de los sacrificios que se cumplió en el Antiguo Testamente desde Adán y Eva. Y nos preguntamos: ¿Después de 2720 años que Isaías lo anunció, ¿todavía no lo han entendido? ¿Tan difícil es aceptar la divinidad del Señor Jesucristo, el Jehová Salvador enviado de Jehová, que nombró Moisés (Éxodo 3:14-16), y debía morir por nuestras culpas? Gracias a Dios, hay un buen número de judíos que aceptaron a Jesús como verdadero Dios junto al Padre. Y esperamos que también nosotros, lo aceptemos por ser hijos de Abraham según la promesa, que abarca el mundo entero (Mateo 28:19).

Tanto el Antiguo Testamento (*Tanaj*) como el Nuevo, Dios no es solo el Padre, sino que es la unión de tres personas divinas. Así lo señala la Biblia:

Números 6:24-26 (Yahweh[1], Dios plural[2], Yahweh[3]); Deuteronomio 6:4; Sal. 45:6,7 con Hebreos 1:8,9; Isa. 6:3; 33:22; 42:1 con Mateo 12:18; 48:16; 61:1,2; Mateo 3:16,17; 28:19; Marcos 12:29; Lucas 1:32-35; 1 Corintios 2:10,16; 12:4-6; Efesios 4:4-6; 2 Tesalonicenses 2:13; 1 Pedro 1:2; los tres del cielo que dan "testimonio": 1 Juan 5:6,9,10; Apocalipsis 4:8.

Primeras conclusiones:

Basándonos en este breve estudio acerca del significado que daban los profetas a las palabras *'El* y *'Elohim*, podemos llegar a lo siguiente:

1º El monoteísmo hebreo no es el monoteísmo bíblico, pues ellos creen en un Dios de una sola persona. Para ellos sólo el Padre es verdadero Jehová (*YHWH*) Dios (*'Elohim*).

2º El Hijo de Dios es para algunos judíos el hijo de David, y para otros un ser celestial que, si es más que Moisés y el hijo del rey David, merece adoración, pero como el enviado "Ángel de Jehová" e hijo del Altísimo, es decir como un *'elohim* menor, generado por Jehová en algún momento antes de la creación de este mundo.

3º No entienden que el Dios (*'El*) que guió al pueblo hebreo, fue el Hijo de Dios, que se destacó sobre los dioses humanos como el único verdadero entre ellos; y no el Padre *'Elohim*, como el único en el cielo, como ellos dicen.

4º También creen que el Espíritu Santo no es una persona divina, sino un espíritu del mismo Padre, que se derrama sobre el hombre en mayor o menor medida.

5º Cuando los escritores bíblicos señalan al Padre con el nombre "*Elohim*", no siempre es una pluralidad con título de eminencia sobre los dioses humanos, pues a Moisés y a los dioses humanos también le llamaron "*elohim*" (dios plural).

6º No todos los profetas escribieron Dios '*El* porque lo acompañaron con algún superlativo u otro adjetivo que lo distinguiera de los dioses comunes, pues en varias ocasiones esto no se cumple.

7º Generalmente al Dios singular '*El,* ellos le dieron el mismo significado que '*Elohim.* Sin embargo, cuando los profetas entendieron claramente que Dios sólo debía escribirse en singular, no escribieron '*Elohim.* Esto significa que para los profetas, '*El* y '*Elohim* no son palabras sinónimas, como muchos creen. El uso indistinto de '*El* y '*Elohim* se debe a que, por falta de información o prejuicio, los escritores bíblicos no siempre entendieron cuándo debían escribir cada expresión. Por eso Isaías aconseja que comparemos las palabras de un escritor con los otros de la Biblia, para que los que traen confusión caigan de espaldas (Isaías 28:13).

8º La diferencia del Dios singular *'El* y el plural *'Elohim,* se nota más cuando los profetas citan textualmente las palabras del Revelador. En estos casos el Dios '*Elohim* verdadero es Dios plural (Trinidad); pero, como lo veremos después, esta pluralidad nunca significa "Dioses" como los "dioses" humanos.

LA DIVINIDAD DE JESÚS SEGÚN LA HISTORIA Y LA ARQUEOLOGÍA

En la carta 96 de Plinio el Joven, procónsul de Roma en Bitinia, una provincia romana de Asia Menor, Plinio cuenta al emperador Trajano acerca de los sucesos en su provincia, y le pide consejos de cómo tratar a una nueva secta:

"Nunca he asistido a los procesos contra los cristianos [...algunos] han maldecido a Cristo, a lo cual, según se dice, es imposible obligar a los que son verdaderos cristianos. Por ese motivo decidí que lo correcto era dejarles en libertad [...]. Ellos se reunían, en un día señalado [los sábados], antes del amanecer, y cantaban uno tras otro; **himnos en honor a Cristo, como si él fuera un dios**".[1]

El arqueólogo Yoram Tepper, encontró un mosaico del siglo III d.C. con el nombre de "**Jesús"** como **"Dios**", confirmado por la autoridad de Antigüedades de Israel, Dror Barshad: "El mosaico con la mención de Jesús estaba en la residencia particular de un oficial romano que había construido una casa de oración, cuando el Cristianismo todavía no era la religión del Imperio. Y eso significa que la religión empezó desde abajo, del pueblo, no por imposición del Emperador".[2]

El historiador Suetonio (70-140 d.C.) en su libro Las Vidas de los Cesares, que "el emperador Claudio expulsó a los Judíos de Roma porque siempre hacían tumultos a causa de un tal **Chrestus.**" (Cristo). Corrobora así la declaración de Pablo en Hechos 18:2. El griego "Cristo" y el hebreo "Mesías" significan el **ungido de Dios**.

---

[1] *Carta de Plinio el Joven*, Epist. X, 96: (h. 112 d.C.

[2] Ana Beris, *Israel: trasladan una cárcel para preservar un mosaico cristiano.* https://anajnu.cl/mosaicoencarcel.htm. (Visto el 25-11-19).

Flavio Josefo, historiador judío no cristiano (37-100d.C.), escribió de él: "Había alrededor de ese tiempo un hombre sabio, **Jesús**, si es que es licito llamarlo un hombre, pues **era un hacedor de maravillas**, un maestro tal que los hombres recibían con agrado la verdad que les enseñaba. Atrajo a sí a muchos de los Judíos y de los gentiles. [El era el Cristo].[1] Y cuando Pilato, a sugerencia de los principales entre nosotros, le condenó a ser crucificado, aquellos que le amaban desde un principio no le olvidaron, pues se **volvió a aparecer vivo ante ellos al tercer día**; exactamente como los profetas lo habían anticipado **y cumpliendo otras diez mil cosas maravillosas** respecto de su persona que también habían sido preanunciadas. Y el grupo de cristianos, llamados de este modo por causa de él, no ha sido extinguido hasta el presente".[2]

LAS CREENCIAS DE DIOS EN EL CRISTIANISMO

Seguramente usted se preguntará por qué en la cristiandad no hay conceptos claros y definidos con respecto a la doctrina de la Divinidad. Generalmente los teólogos se excusan diciendo que "es un misterio". Pero creo que para poder entender mejor el problema que se ha planteado, nos es necesario saber cómo se originó, y por qué estos oscuros conceptos llegaron hasta nosotros.

El antagonismo entre cristianos judeo-helenistas y antignosticistas:

En los días de Jesús, la teología judía había recibido la influencia de las corrientes helenistas, donde la filosofía de Platón fue su mayor fundamento. Este filósofo argumentaba que todo lo que es carnal y material es malo, y todo lo que es espiritual es bueno y divino. Por eso la promesa de la resurrección de la carne fue para los fariseos un misterio, y muy rechazada por los judíos saduceos y griegos (Mateo 22:23-33; Hechos 17:16-33).

Las tendencias judías nacidas de los fariseos y saduceos penetraron en el cristianismo por medio de algunos conversos judíos; pero a éstos se los mantuvo quietos hasta la muerte de los apóstoles (Apocalipsis 2:6). De acuerdo a un testimonio de Ireneo (siglo II), se cree que Nicolás, un prosélito de Antioquía (Hechos 6:1-6), fue el fundador de una secta gnóstica de cristianos que llegó a tener mucha influencia en los siglos I al VI (Apocalipsis 2:6,15).

Nicolás creía en un sincretismo filosófico-religioso que, con respecto a la Divinidad, mantenía la postura judía de un monoteísmo absoluto, es decir de un único Dios Padre, como causa primera de todas las cosas. También la filosofía griega de Platón del dios "Incorpóreo"; los "misterios" de las religiones orientales, y la verdad cristiana del Dios "Padre" que envía al "Logos". Como no podía aceptar que Dios se encarnara, pues esto significaba para él renunciar a una divinidad santa, sus discípulos se dividieron en dos posiciones: Unos, que el

---

[1] Lo que está entre corchetes es de dudosa procedencia. El resto es confiable.
[2] Flavio Josefo, Antiguedades, XVIII.33.

Logos era un "demiurgo" o Dios subordinado y de otra sustancia del Padre Santo. Otros, que el Logos vino del Espíritu Universal o "Conocimiento", tomando la carne sólo en apariencia.[1]

La oposición a estas herejías se inició con el apóstol Juan, quien echó por tierra la idea platónica de la santidad que sólo puede existir en espíritu. Según el profeta, el Logos vino en carne y no dejó de ser verdadero Dios (1 Juan 4:2-5; 5:20; Juan 1:1-3,14).

Los llamados "Padres de la Iglesia", entre los cuales podemos mencionar a Ireneo y Tertuliano, se opusieron a la corriente gnóstica que rechazaba la igualdad en **la sustancia** del Padre y del *Logos*, y entre **las personas** de Dios y del Creador. En esta oposición se fueron al otro extremo, poniendo la base del significado tan particular que hoy todavía mantiene el cristianismo para la "sustancia" de la Trinidad. De esta controversia se generaron otras que ayudaron a formar distintos conceptos de la naturaleza de Dios. Y aquí presento 12 de esas creencias:

Un Dios verdadero y un hijo:

El monoteísmo absoluto del judaísmo se mantuvo en el cristianismo con el gnosticismo. En cierto modo también lo confirmaron algunos Padres de la iglesia y escritores antignosticistas de los primeros siglos. Sostiene que Jehová Dios es una sola persona; y ésta es el Padre. El Hijo no es eterno como el Padre, pues es Hijo por naturaleza. Orígenes introdujo este pensamiento, al hablar del Hijo como otra sustancia, y por lo tanto como otra persona (*hypóstasis*) y como "**criatura**" del Padre.[2] Con respecto al Espíritu Santo, algunos que sostenían esta postura, decían que no era una persona como Jehová y su Hijo, y otros ni sabían que existía.

El Padre, el único Dios verdadero:

Dentro de esta clase de monoteísmo absoluto se encontraba Tertuliano, que aseguraba que "hubo un tiempo cuando [...] el Hijo no era", y recibió "sustancia propia" del Padre, siendo una "porción" de su "totalidad".[3] Algo semejante llegó a creer Juan de Damasco en el siglo III.[4] Y para Hipólito (s. II), el "Logos" fue engendrado al crear el mundo.

Algo semejante mantienen los Testigos de Jehová y algunos cristianos pentecostales.

Un Dios Padre que actúa de tres maneras y con tres nombres:

Para la mayoría de los teólogos de la iglesia de Roma, Dios es un espíritu y uno numéricamente, es decir en unicidad absoluta, por lo tanto no puede ser más de una persona verdadera. En un diccionario de Ciencias Eclesiásticas dice que "Dios es una unidad, no sólo

---

[1] Seeberg, *MHD,* pp. 101-111.
[2] Walker, *HIC,* p. 81.
[3] Seeberg, *MHD,* 1:133,134.
[4] Ibíd., 1:238.

específica, sino también **numérica**".[1] Las tres personas divinas no son realmente distintas, pues en ese caso serían "tres esencias, tres substancias o tres naturalezas distintas".[2]

Esta posición se originó en el siglo II con los monarquistas Marcelo y Teodoto; con Sabelio de Pentácolis, Praxeas, Noeto de Esmirna, Pablo de Samosata; y más tarde con Carmen y los obispos Ceferino.[3] Aquí la Divinidad es comparada con **una** flor que se manifiesta simultáneamente de tres maneras: la forma, el color y su perfume. Pero el razonamiento de que si Dios es tres personas con la misma substancia, luego se trata de un mismo Ser, es tan erróneo como sostener que si todos los hombres tienen la misma substancia humana, luego hay un solo hombre.

Dios es único y se llama Jesús:

Los **unicitarios** (representados hoy por la Iglesia Pentecostal Unicitaria), se diferencian de la posición anterior, porque no creen que Dios es el Padre, sino *Yejoshúa* (Jehová Salvador), es decir Jesús quien lleva el Nombre de Padre, Hijo y Espíritu Santo. Así que el único Dios sería Jesús, que dejó el trono como Padre y nació como Hijo, para que luego regresar al cielo después de su resurrección, y volver a la tierra con el nombre del Espíritu Santo.

Ellos no bautizan en el nombre del Padre, del Hijo y del Espíritu Santo (Mat. 28:19), sino sólo en el nombre de Jesús, conforme a la fórmula bautismal de los apóstoles. Incluso cuando los que habían sido bautizados por ellos llegaron a aceptar al Espíritu Santo, que desconocían, Pablo los rebautizó sólo "en el nombre del Señor Jesús" (Hech. 19:2-5). ¿Por qué la fórmula bautismal trinitaria sólo está en Mateo 28:19? No fue porque es un texto agregado, como ellos dicen, desconociendo los códices más antiguos como Vaticano, Freeriano y Beza Cantabrigense, sino porque es el único lugar donde Jesús se refiere al bautismo **para todas las naciones**, y no sólo para judaizantes convertidos que ya conocían al Padre y al Espíritu (Gén. 1:1,2), pero no la divinidad del Hijo de Dios. Lógicamente, si sólo faltaba que los judaizantes aceptaran la divinidad de Cristo, el bautismo debía ser en el nombre de Jesús. Y, por supuesto, cuando Jesús dijo que predicaran el evangelio a todo el mundo, que no piensa como los judíos, la orden fue bautizar en el nombre de las tres personas divinas (Mateo 28:19,20). Los llamados "padres de la Iglesia" y demás cristianos de los siglos posteriores, bautizaron obedeciendo la orden de Cristo según Mateo 28:19.

Así que los unicitarios aceptan la divinidad de Cristo, pero como único ser y única persona de la Deidad. Previendo esto Jesús dijo claramente: "No soy yo solo, sino yo y el que me envió, el Padre" (Juan 8:16). Además el Espíritu es "otro Consolador" (griego *allos:* otro igual, no *héteros:* otro que puede ser diferente: Juan 14:16). Basta sumar estas informaciones para saber cuántas personas divinas hay.

---

[1] Niceto Perujo, Juan Pérez, *Diccionario de Ciencias Eclesiásticas (DCE),* tomo 9, (Barcelona: Librería de Subiría Hnos., 1890), p. 405.

[2] Ibíd., 10:244.

[3] Seeberg, *MHD,* 1:169-175.

Ellos aseguran que Jesús era el Hijo del Padre cuando estaba como Hijo del Hombre y hablaba con su divinidad, que estaba en él. Pero Cristo era "Emanuel", Dios con nosotros. Y estando con nosotros decía que su Padre no estaba en él, sino "en los cielos" (Mat. 7:21; 10:33; 12:50; 16:17; Mar. 10:32). Por lo tanto, hablaba de Dios que está en el cielo, y de la divinidad que estaba en él en la tierra como Hijo del Hombre. De esta manera transforman la mayor parte de los Evangelios en una comedia de un Hijo que dice ser enviado, pero que nadie lo envió; que habla con un Padre que es él mismo; que está en el cielo, cuando según ellos estaba en la tierra, y otras cosas tan confusas como estas.

Un Dios con tres emanaciones, vapores, energías, aspectos o personas metafísicas:

Otra posición acepta que la Deidad está compuesta de tres personas; pero "con respecto a Dios la palabra persona **no** representa exactamente la misma noción que realmente al hombre".[1] Creen que "hay un solo Dios, por naturaleza, por sustancia y por esencia";[2] pero "no confundiendo las personas",[3] pues "no son simples nombres que designan modalidades del ser divino".[4]

Aquí, como se venía anunciando desde Justino Mártir (s. II), la Deidad sigue siendo un solo Ser Dios incorpóreo, donde se manifiesta en él una confusa idea de personas no personas que, como veremos después, tampoco se ajusta al concepto de "persona" que le dan los profetas de la Biblia. Esta posición de unicidad y pluralidad simultáneas de tres y uno, y uno en tres, prefiere comparar a Dios con el agua que puede manifestarse en estado sólido, luego líquido y finalmente gaseoso. El agua en estado líquido no se puede confundir con el estado gaseoso, pero ambos siguen siendo el mismo elemento. Por supuesto, no aceptamos que las tres personas divinas sean **estados o modalidades** de un solo ser. Sin embargo, es una ilustración que en el cristianismo se emplea mucho.

El antignosticista Ireneo sostenía que el Hijo y el Espíritu Santo son dos "aspectos distintos" del mismo Padre.[5] Para Lactancio, el Hijo llegó a la existencia porque el Padre "engendró su energía".[6] Para Orígenes, el Logos es "un vapor del poder de Dios; una emanación de su gloria". Pero más tarde dijo que el Hijo es "una *hypóstasis* separada".[7] Para Tertuliano, eran "tres, no en condición sino en orden [...] en aspecto" de la misma sustancia;[8] Y en el siglo IV, Atanasio argumentaba que el Hijo siempre se está generando.

Así se fue formando la idea de que la "sustancia" (*hypóstasis)* no hace referencia a lo que constituye la "imagen misma" de Dios (Heb. 1:3), sino al ser que constituye esa imagen; cuando en ninguna parte de la Revelación *hypóstasis* significa "ser" (2 Cor. 9:4; 11:17; Heb.

---

[1] Bergier, "Personas", *Diccionario de Teología (DT),* tomo 3, (Paris: Lib. Garmier Hnos., 1887), pp. 923,924.

[2] *Catecismo de la Iglesia Católica (CIC),* (Colombia: Lib. Juan Pablo II, 1992), p. 54.

[3] Ibíd., p. 67.

[4] Ibíd., p. 64.

[5] Seeberg, *MHD,* 1:127,128.

[6] Ibíd., 1:175.

[7] Ibíd., 1:156.

[8] Ibíd., 1:129,133, 134.

1:3; 3:14; 11:1). El argumento que sostenía la mayoría de los "padres apostólicos" era que, con relación a la Divinidad, *hypóstasis* tiene que ser interpretado como ser, por la sencilla razón de que la imagen de Dios es etérea, y por lo tanto, decían, no puede tener una sustancia como la tienen los seres creados, pues Dios es un ser metafísico y sus criaturas seres físicos.

Juan de Damasco confirmó esta creencia. Pero Agustín, que fue el que le dio forma definitiva, escribió: "Padre, Hijo y Espíritu Santo no son, por lo tanto, tres personas diferentes [...] **aunque pertenezcan a un mismo género**".[1] "**Decimos tres personas**, no como para expresarlo, sino **para no guardar silencio**".[2] Como Lutero era agustiniano, esta creencia influyó mucho en La Confesión de Ausburgo, donde se concluyó que "hay una sola esencia divina, la que se llama Dios".[3] Y hoy la Iglesia Católica también "utiliza el término "substancia", al referirse a Dios (traducido a veces también por "esencia" o por "naturaleza".[4]

Para decirlo en otras palabras, a fin de que no se oculte el verdadero sentido de lo que se cree, aquí la Divinidad sigue siendo un Dios de un solo Ser real; de **una** sola "persona" verdadera. Por lo tanto, como también creen los judíos, el Espíritu de Jehová no sería una verdadera persona. Pero tampoco lo sería el Hijo pues, de lo contrario, habría pluralidad de personas y seres que son Dios. Aquí los judíos y los gnósticos se separan, diciendo que el Hijo es otra persona generada, y por lo tanto una criatura del Generador. Ya volveremos a esto cuando veamos el significado que la Biblia da al vocablo "persona".

En un tratado de teología, impreso en 2009, se presenta una Trinidad semejante, pero más contradictoria, pues en lugar de la unidad bíblica *ekjád*, que no es la unicidad única de soledad, como lo es *yakjid*, y que nunca se emplea cuando se refiere a las tres personas de la Deidad, se insiste que Dios **no** es "una agrupación de 'unicidades' independientes que se reúnen con el fin de formar una unidad" como es *ekjád*, porque sería "una pluralidad de dioses". Se trata de la "única realidad divina y **no a una pluralidad de seres divinos**" que formen un Dios.[5] Y luego dice: "No sólo que el Espíritu Santo es un ser divino, sino también que es un ser personal como el Padre y el Hijo **son seres personales**".[6] Es evidente que aquí la falta de conocimiento bíblico los lleva a una tremenda confusión: ¿Son seres divinos o no?

En el *Catecismo de la Iglesia Católica* se repite esta contradicción, cuando dice: "Dios es Único; no hay más que un solo Dios".[7] Pero el "El Padre no es el Hijo, ni es el Espíritu Santo el que es el Padre o el Hijo".[8] Por eso esta iglesia insiste que la Trinidad es "un misterio".

En cambio, Jesucristo presentó la unidad de la Deidad con la claridad del mediodía: "Padre santo, [...] **que sean uno, como lo somos nosotros"** (Juan 17:11); "que sean uno, así

---

[1] Ibíd., 2:240.
[2] Ibíd., 2:241.
[3] Editorial Concordia, *Las 95 tesis de Martín Lutero y la Confesión de Ausburgo,* (Colombia: Edit. Concordia, 2003), p. 19.
[4] Catecismo, *CIC*, p. 253.
[5] George Reid y otros, *Tratado de Teología (TT)*, (Buenos Aires: ACES, 2009), p. 139.
[6] Ibid., p. 163.
[7] Catecismo, *CIC*, p. 58.
[8] Ibíd., p. 69.

como nosotros somos uno" (*kazós eméis en*: verso 22). Si Dios fuera una "unicidad absoluta"; un solo ser, una persona real única —negando el significado de la expresión bíblica "somos" (existencias, seres, personas reales, individuos en plural)—, estas declaraciones dejarían de tener sentido. Y esas existencias divinas —porque Jesús dijo "nosotros" (*eméis*)— desean que también nosotros vivamos en "unidad".

Si nosotros entendemos que podemos ser "uno" sin llegar a pensar en un solo ser, ¿por qué nos cuesta entender esa unidad armoniosa que hay en la Trinidad, y la confundimos con una unicidad de ser? ¿Por qué nos aferramos tanto a los teólogos, en lugar de asirnos de la verdad de Dios revelada en el evangelio de Juan?

La familia Lugano está constituida por tres personas: El padre, la madre y una hija. Pero, por ser tres seres, y porque cada uno de los seres de esta familia es Lugano, no significa que esa única familia llega a ser tres Luganos. Así tampoco, al aceptar que cada una de las tres personas de la Deidad sea Dios verdadero, nos obliga a sostener que son tres Dioses.

Y así como Adán y Eva se unieron en matrimonio y llegaron a ser "una [*ekjad*] sola carne" (no *yakjid* o único ser), la perfecta unión que existe en las tres personas divinas verdaderas, sigue siendo un Dios *ekjad*, nunca *yakjid* (que significa: Dios solitario, único, de unicidad numérica), sino un Dios *Elohím* (plural).

Por no aceptar esta verdad claramente bíblica, los que se mantienen en la unicidad absoluta de Dios, se ven obligados a decir que la plenitud de la divinidad de Cristo, **no** es "la plenitud" según leemos en Colosenses 2:9, sino, como decía Tertuliano, una parte de Dios, porque "**no** abarca todo el ser divino", sino sólo una persona del Ser Dios.[1] Es decir, que Cristo y el Espíritu Santo serían partes o derivaciones del mismo ser del Padre y viceversa. Y por lo tanto, los diálogos y el envío de personas divinas que menciona la Biblia, no serían reales, porque sino el Padre se enviaría a sí mismo, y hablaría consigo mismo.

Estoy con EGW, cuando dijo que Cristo "es el Hijo eterno y existente por sí mismo. [...] En Cristo hay **vida original, que no proviene ni deriva de otra**".[2] **En él estaba la vida, original, no prestada, no derivada**. Esa vida no es inherente en el hombre. Puede poseerla sólo mediante Cristo. No puede ganarla; le es dada como un don gratuito".[3] Ya volveremos a esto cuando tratemos la divinidad de Jesús.

Pero los que insisten que Dios son tres emanaciones, vapores, energías, aspectos o personas metafísicas de un Ser absolutamente único, no llegaría a ser una contradicción al sostener que ese Dios es único y trino a la vez. Pues bien. ¿De dónde obtienen esta información? ¿Hay algún lugar en la Biblia que diga que la Deidad es un solo Ser, un solo Sujeto, una sola Persona real, y no "somos" (seres o existencias), como dijo Jesús (Juan 10:30; 17:22)? ¿Se equivocó él, cuando dijo: "**no soy yo solo** [*monos*], sino yo y el Padre que me envió (8:16); y que el Espíritu es "**otro**" Consolador (14:16)? Si sumamos, ¿qué nos da?

---

[1] *TT*, p. 143.
[2] White, *Ev*, pp. 446,447.
[3] ———, *Mensajes selectos (MS)*, vol. 1, (California: Pub. Inter., 1966), p. 349-350.

Sí, es verdad, dicen ellos, pero no hay contradicción porque Dios es espíritu y no tiene imagen visible, como dijo Jesús en Juan 4:24. Por lo tanto puede presentarse de distintas maneras. Pero, ¿Jesús quiso decir que Dios no tiene imagen visible porque es invisible como el aire, o porque es santo, espiritual? Juan 4:24 viene de 1 Crónicas 16:29; Salmos 29:2 y 96:9, cuando dice; "Postraos delante de Jehová en la hermosura de la santidad".

En la Biblia "espíritu es todo lo que no se ve: Pensamientos, ángeles, demonios, santidad, espiritualidad, etc. Cuando Pablo dice: "Pero si Cristo está en vosotros, el cuerpo en verdad está muerto a causa del pecado [pasiones de la carne dominadas], mas el espíritu vive a causa de la justicia" (Romanos 8;10), no quiere decir que en ese momento llegamos a ser invisibles, sino santos. Y lo explica así: "El que se une al Señor, un espíritu es con él" (1 Corintios 6:17). Por lo tanto, si decimos que Dios no tiene "imagen" visible, como dice en Génesis 1:26,27, y así vio Moisés a Dios de espalda (Éxodo 33:20-23); pero seguimos insistiendo que es "espíritu", también lo seríamos nosotros. Pero cuando lleguemos al cielo veremos a Cristo en gloria divina, "el cual transformará el cuerpo de la humillación nuestra, para que sea **semejante al cuerpo de la gloria suya**" (Filipenses 3:21).

Por lo tanto, Dios no es uno y tres al mismo tiempo porque es espíritu. Estoy con EGW cuando escribió: "La unidad que existe entre Cristo y sus discípulos no destruye la personalidad de uno ni de otros. Son uno en propósito, en espíritu, en carácter, **pero no en persona.** Así es como Dios y Cristo son **uno**".[1]

Un Ser divino con dos cuerpos en unidad absoluta, con apariencia de tres:

Esta es otra confusa posición semejante a la creencia anterior, con el agregado de la corporalidad del Padre y del Hijo, en una Trinidad de personas aparentes y relativas; porque en realidad no serían tres personas sino una en unidad absoluta. Pero al mismo tiempo, sostiene que el Espíritu Santo es una verdadera persona. Esto nos lleva a pregunta: ¿El Padre y el Hijo serían corpóreos y al mismo tiempo aparentes, en cambio el Espíritu sería el único no aparente?

Otra posición cercana a esta, sostiene que la Trinidad no tendría tres rostros; ni dos cuerpos ni tres personas reales, sino que las visiones bíblicas del Padre, del Hijo a su diestra y del Espíritu Santo, serían como una especie de máscaras teatrales de un solo Dios real. Y se lo trata de explicar con la "persona" y "personalidad" que dialogaban en las obras teatrales griegas, y dejaban de serlo fuera de la escena pública. Si habían actuado con varias caretas, entonces las dejaban y quedaban con una sola: la real. Por lo tanto, todas las descripciones bíblicas de un Padre con inmensa gloria, y al Hijo sentado a su diestra intercediendo por nosotros, serían como una especie de obra de teatro en visiones simbólicas. Y, lógicamente, sería correcto bautizar en el nombre de una sola persona: La real que es la del Dios Padre.

Pero en Génesis 1:126 el Padre dijo: "Hagamos al hombre a **nuestra** imagen". Por lo tanto, el Padre no sería la única persona con rostro y con imagen. Más tarde el Hijo dijo a Moisés que lo vería, pero no permitiría que viera su "rostro" para que no muriera (Éxodo

---

[1] ——, *El Ministerio de Curación (MC),* (Bs. As.: ACES, 1959), p. 329.

33:20). Pero sí podremos ver su "rostro" en la segunda venida (Apocalipsis 6:16). Y en Colosenses 2:9 se nos confirma que además del Padre, también el Hijo tiene "corporalmente toda la plenitud de la Deidad". Vemos que distanciándose de esta contradictoria posición, se nos habla de por lo menos dos Seres divinos corporales con "rostro".

Y llama la atención que cuando esta posición trata de señalar los errores de la doctrina de la binidad (que no cree en el Espíritu Santo), defiende la separación y la independencia real entre el Hijo y el Espíritu Santo, sin dejar de creer en la unicidad absolutamente real de Dios, que se manifiesta con tres personas en una pluralidad **"relativa"**, no real.[1] Qué confusa es esta posición, ¿verdad?

En resumen, esta errada creencia sostiene un Dios absolutamente singular de dos cuerpos, con la apariencia de tres personas; o uno que se hace ver como tres personas.

Tres personas divinas de una:

Desde los tiempos de Arrio, la iglesia romana derramó mucha sangre hasta llegar a la posición admitida por la mayoría de la cristiandad. Arrio aseguraba que el Dios verdadero es uno, porque las tres personas vienen del Padre, y el Hijo vino a la existencia por creación. Esta posición fue rechazada el año 381, en el II Concilio en Constantinopla. Desde entonces la mayoría de los cristianos sostiene que el "**Hijo de Dios** [fue] **engendrado del Padre antes de todos los siglos** [...] engendrado no creado, consustancial al Padre".[2]

"La Iglesia reconoce así al **Padre como la fuente y el origen de la divinidad**".[3] Por lo tanto, el título de "Dios se le atribuye de manera especial **al Padre, por ser él la 'fuente de todo lo que tiene principio**". "Dios el Padre Eterno es el Creador, **Originador** [...] **de toda la creación**".[4]

Esta posición tiene que explicar cómo se puede creer en un Hijo de Dios igual y coeterno con el Padre, y que al mismo tiempo haya sido "generado" por el Padre, siendo él el "Originador" de todo.

Orígenes argumentó que el Hijo es eterno. No fue generado, sino que constantemente sigue siendo generado, porque es un "vapor" y una "emanación" del Padre.[5] Algo semejante enseñó Alejandro de Alejandría, y más tarde Atanasio. Por eso decía: Si el Padre es "Incorpóreo", "estuvo siempre, por naturaleza, **generando**".[6] Sin embargo, que el Hijo fue o sigue siendo generado, no quita de que haya sido generado por el Padre, su fuente de origen. Así que aquí el problema puntual se eterniza. Ireneo, en cambio, fue más sincero al exponer su idea, diciendo que Cristo es "Hijo eterno", sin saber cómo pudo haber sido engendrado.[7]

---

[1] Alberto Treiyer, *Un ataque a la doctrina adventista de la trinidad,* pp. 10,11,15.
[2] Seeberg, *MHD,* 1:61,62.
[3] Ibíd., 1:62.
[4] Pedro Martín Hernández, *Catecismo Romano (CR),* (Madrid: Edit. Católica S.A., 1956), p. 55.
[5] Seeberg, *MHD,* 1:155.
[6] Ibíd., 1:209,214.
[7] Ibíd., 1:132.

Es lamentable que Roma haya dado muerte a tantos miles de arrianos, para terminar sosteniendo casi lo mismo. Hoy el catolicismo sostiene que la segunda persona de la divinidad es Hijo eterno por naturaleza, porque fue "**nacido del Padre antes de todos los siglos** según la divinidad [...] nacido en los últimos tiempos, de la Virgen María".[1] Por eso concluye: "Reconocemos esta **doble generación**".[2]

Pero esto nos lleva a la pregunta que hizo Jesús a los doctores de la Ley: "Pues si David le llama **Señor**, ¿cómo es su **hijo**?" (Mateo 22:45). ¿Por qué, entonces, se le llama "Hijo eterno"? Si Dios es eterno, ¿cómo puede ser "Hijo"? Luego volveremos a este asunto.

Una Trinidad por omnipresencia:

Acercándose en cierto modo a la idea de la mayoría de los escritores de los siglos II y III, es decir de un Dios en tres por "emanación", por "vapor", "energía" o "aspectos" del Padre, hay también quienes admiten la posibilidad de explicar la insostenible posición romana de tres personas y una al mismo tiempo, por medio del poder infinito de la omnipresencia.

Se dice que, puesto que "Dios es espíritu" (Juan 4:24), interpretando que es un ser incorpóreo, las tres personas —no realmente personas— se presentan y obran en forma independiente, "en el nombre del Padre, y del Hijo, y del Espíritu Santo" (Mateo 28:19). En el bautismo de Jesús, el Padre se mostró por la voz y la gloria celestial, Cristo en forma humana, y el Espíritu Santo en forma de paloma, (3:16, 17); que a su vez también se presentó en cada creyente por su omnipresencia (Hechos 17:28).

La omnipresencia no es lo mismo que estar en todos lados mediante la comunicación de un centro digital de operaciones. Es como multiplicarse en millones de personas, repartidas a la vez en cada rincón del mundo y en cada mente humana. Humanamente esto es increíble, y sólo se lo puede aceptar por fe, sabiendo que Dios no inventa sino que obra cumpliendo las leyes que nosotros todavía desconocemos. Los físicos creen posible que un grupo de partículas subatómicas pueden obrar en dos lugares a la vez. Pero no en millones de veces.

La Trinidad por omnipresencia, pareciera ser la más razonable para explicar la divinidad de tres personas y una al mismo tiempo. Pero se aparta del concepto bíblico de "persona" (luego volveremos a esto), y entra en contradicciones insuperables, pues, por un lado, si Dios se manifiesta en tres personas por la omnipresencia, y al mismo tiempo también está en cada criatura por la misma facultad, Dios no sería tres personas, sino un número infinito, entre las cuales tres formarían la Trinidad. Y por otro lado, si las omnipresencias del Espíritu Santo no forman otras personas, sino que siguen siendo la misma persona "Espíritu de Dios", como se nos enseña en Mateo 3:16, las omnipresencias de la Deidad tampoco formarían tres personas divinas, sino una y la misma que sería la que formaría las omipresencias. Por lo tanto, esta atrayente propuesta tampoco tiene validez bíblica.

---

[1] Catecismo, *CIC*, p. 110.
[2] Hernández, *CR*, p. 55.

Una deidad de tres Dioses:

Desde que Orígenes cambió su idea de Dios, y argumentó que, puesto que el Hijo es "una *hypostásis* separada" es un "segundo Dios",[1] muchos estudiosos confundieron igualmente el número de personas con el número de dioses, y comenzaron a negar la personalidad plural en la Trinidad a fin de no caer en el triteísmo. Sin embargo, otros se acercaron al pensamiento de Marción,[2] o a la "trinidad social" de Novaciano,[3] concluyendo que la Deidad está constituida por tres Dioses. Pero los triteístas no saben explicar por qué la Biblia insiste tanto en la "unidad" de Dios; y a pesar que '*Elohim* significa Dios plural, los escritores inspirados del N.T. **siempre** traducen esta expresión al griego como Dios singular.

Es verdad que Cristo, como el "Yo Soy" y una persona de la Trinidad, empleó el verbo ser con el plural "somos". Esto significa que nosotros podríamos dirigirnos a las tres Personas como "ustedes". Pero, por ser una unidad *ekjád*, como explicaremos después, esto no sería correcto. Así también decimos: María y Juan **están** casados. Pero no decimos que este matrimonio están casados, sino **está**, porque es como una unidad hebrea *ekjád*. Algo semejante ocurre con la Deidad.

Una Biunidad:

En la década de los 80 hubo un renacimiento antitrinitario, que en 1991 dio origen a otra denominación cristiana que propuso que la Deidad es en verdad una Biunidad, pues aseguran que a pesar que entre los 5.300 manuscritos más antiguos que se conocen, ninguno niega la existencia del Espíritu Santo, toda vez que se lee más de dos personas de la Deidad, se trata de una adulteración posterior al canon. Por lo tanto, dicen que aparte de Cristo no hay "otro Consolador" (Juan 14:16). Por ejemplo, en Mateo 8:19 sólo debería leerse: "En el nombre del Padre, y del Hijo, que es nuestro consolador".

Llevados por la influencia gnóstica de que Dios tiene una imagen inmaterial y es "uno" numéricamente; y que gracias al poder de la omnipresencia generó por derivación, y no por nacimiento, solamente a una semi-persona más llamada Hijo, la declaración: "Yo y el Padre uno somos" (Juan 10:30), es su base doctrinal, destacando la expresión "uno", pero haciendo silencio de la palabra que sigue en el texto: "uno **somos**". Creen que el Hijo ascendió con la carne para volver sin ella con el nombre de Espíritu Santo, pero siendo él mismo; que a su vez sería el mismo Padre, porque Dios es "uno" en unicidad absoluta. Por lo tanto las personas de la Deidad no son reales, sino "aspectos" de un único Dios. Lo expresan así: "El asunto no radica en si el Espíritu Santo es o no parte de los **aspectos de Dios, como el Hijo lo es**".

Los Evangelios no dice que Jesús fue para volver enseguida a este mundo (Juan 16:10), como asegura esta postura, sino para **enviar** al Espíritu como su sucesor. Y dice más: "A quien yo **os enviaré del Padre**, el Espíritu de verdad" (Juan 15:26; 16:7). Por lo tanto,

---

[1] Seeberg, *MHD,* 1:156.
[2] Ibíd., 1:177.
[3] Wlater, *HIC,* p. 76.

aquí Jesús envía al Espíritu por medio del Padre no de él mismo. Pero ellos no explican por qué, si Cristo fuera una derivación de Dios por omnipresencia, que a su vez estaría en millones de personas por la misma facultad, ellos nieguen que pueda existir un Espíritu Santo como una omnipresencia personal más. Vemos que la contradicción es llamativa.

En el libro de Hechos, Lucas dice que después que Cristo resucitó, no vivió con los apóstoles durante 40 días, sino que "se presentó vivo con muchas pruebas indubitables, **apareciéndoseles** [*optanómenos,* en participio presente] durante cuarenta días" (Hechos 1:3). La expresión griega *óptanomai* es una visión que hace abrir bien los ojos porque asombra, no es normal. Lucas también la emplea cuando Jesús aparece a dos discípulos y a Pedro, y cuando aparece un "ángel" (Lucas 1:11; 9:31; 22:43; 24:34); cuando se ve la manifestación gloriosa de Jesús con Moisés y Elías (Lucas 9:28-32); delante de 500 hermanos; la aparición de Cristo en gloria ante Pablo cerca de 4 años después del Pentecostés (Hechos 26:16; 1 Cor. 15:6-8), y ante Juan en un día sábado del año 96 (Apocalipsis 1:10-18).

Si después de sentarse a la diestra del Padre, el Hijo de Dios se presentaba y desaparecía todo ese tiempo, ¿por qué en ninguna de esas apariciones se le llamó "Espíritu Santo"; y menos "fuerza de Dios", sino "Jesús", "Cristo", "Hijo amado" e "Hijo del Hombre"? Vemos que, aunque en varias ocasiones Cristo apareció y desapareció atravesando puertas o paredes (Lucas 24:36-43), nunca los profetas le llamaron "Espíritu de Dios" o "Espíritu Santo", a pesar que por un momento los discípulos creyeron que era un "espíritu", que Cristo negó. ¿Por qué? Lógicamente, porque entendían que Cristo y el Espíritu Santo son personas diferentes.

Por no tomar en cuenta que generalmente Cristo y los apóstoles se relacionaron con judíos que no creían que el Espíritu de Dios fuera una persona; y muchos ni siquiera sabían que se lo nombra en las Escrituras, esta posición biunitaria argumenta que en varias ocasiones se nombran al Padre y al Hijo, pero no al Espíritu Santo. Justamente, fue por esa causa que Pablo tuvo que rebautizar a los que sólo creían en el Padre y en el Hijo (Hechos 19:1-5). Y eso es lo que seguramente haría hoy el apóstol con todo cristiano que no sabe del Espíritu Santo, y con todos los que hoy sostienen la biunidad.

Además, esta posición argumenta que siempre que los profetas vieron en visión a la Deidad, sólo vieron a dos personas y no a tres, olvidando que la tercera persona divina no es visible porque es la única que se le llama "Espíritu"; y porque, es la única que usa el poder de la omnipresencia gracias a que ahora no está sujeto a "la plenitud de la divinidad corporalmente", como ocurre con el Padre y con el Hijo (Colosenses 2:9).

Otros biunitarios, como la congregación llamada: "Adventistas del 7° Día de la Creación", dicen que en la Biblia no hay un lugar que diga que el Espíritu Santo es una persona. Se entiende, pues en la Biblia las expresiones *paneh* y *prósopon* significan rostro, cara, o un ser que se ve físicamente; y, aunque los apóstoles lo nombran como una persona, no vieron al Espíritu en las visiones.

También argumentan —en este caso correctamente— que el hecho de que el Espíritu Santo enseñe, testifique y hable, no prueba de que sea una persona, pues, según la Biblia, también lo hace la ley, la Biblia y hasta las piedras, que no son personas. Pero en base a esto, concluyen que si la Biblia dice que él reparte los dones como "él quiere" (1 Corintios 12:11), es porque es el Padre quien da el Espíritu (Lucas 11:13). Por supuesto, no dicen nada por qué al Espíritu se lo nombra 24 veces con el pronombre personal *ekéinos*; también *autos* y *allos*, y hacen silencio de otros textos inspirados donde sólo puede cumplirse en una persona independiente.

En Juan 14:16-17 se habla del Espíritu con el pronombre *autós*. Pero ellos objetan que ese "otro" no es el Espíritu sino la persona del Padre, porque él es que lo da. Pero se contradicen, pues al mismo tiempo creen que el Padre también "ha dado a su Hijo" (Juan 3:16), y aceptan que es una persona. Y como creen que el Espíritu de Dios ya obraba en parte con los discípulos, viene la pregunta: ¿Por qué Jesús dijo que enviaría a "otro Consolador"? Si el Padre ya obraba, y Cristo fuera el Consolador, ¿Cuál era ese "otro Consolador? Si hay dos y se habla de "otro", ¿cuántos hay?

En Mateo12:31Jesús habla de la blasfemia, es decir, el maldecir y renegar de Dios, que por arrepentimiento se puede perdonar, pero no contra el Espíritu Santo. Y estos creyentes argumentan que el Espíritu no puede perdonar, porque no es una persona, sino el aliento de vida. Así hacen que Dios sea injusto, porque nos condenaría al fuego del juicio eterno, por blasfemar a lo que ellos llaman: "cosa", "fuerza impersonal", "la parte de nosotros" que es el "aliento de vida que viene de Dios"; pero que no sería tan blasfemo hablar contra la misma Divinidad. Además, si todos tenemos ese "Espíritu" en nosotros, ¿por qué Cristo dijo que "**nadie** puede decir: 'Jesús es el Señor', sino por el Espíritu Santo" (1 Corintios 12:3)? ¿No tenemos todos, el aliento de vida, que dicen que es el Espíritu Santo?

Justamente, por esta manera de argumentar, es que Pablo después escribió esta declaración: "Porque **el Señor es el Espíritu**, y donde está **el Espíritu del Señor**, hay libertad (2 Corintios 3:17). Ellos argumentan que "el Espíritu del Señor" de la declaración, es del Padre, que es Señor enviando parte de su naturaleza. Pero el texto aclara y enfatiza que "**el Señor** es el Espíritu". Es decir, que el Espíritu mismo es "Señor". Y Pablo lo prueba diciendo que "el Espíritu todo lo escudriña, aun **lo profundo de Dios**" (1 Corintios 2:10). Conocer lo "profundo de Dios", es tener el mismo conocimiento del Omnisapiente. ¿Puede una fuerza impersonal; una "cosa", "el aliento de vida" que está en el hombre conocer lo más profundo del pensamiento del Padre? ¿Aceptaríamos esto? Lógicamente no.

Otra objeción que presentan, para negar el nombre de la tercera persona de la Deidad, según Mateo 28:19, es que el Padre y el enviado Hijo tienen nombre propio, que es "Jehová" (el Eterno: Éxodo 3:13-15), pero "en ninguna parte" dice que el Espíritu tiene nombre propio.

Sabemos que el nombre de "Señor", que Pablo da al Espíritu (2 Corintios 3:17), viene del tetragrama hebreo YHWH. Por eso en el A.T. se le llama: "El Espíritu de Jehová el Señor" (Isaías 61:1). Y el profeta venía diciendo que Satanás, "el enemigo" de Dios, se haría presente como un río contra "el nombre de Jehová". ¿Habla aquí del nombre del Padre o del Hijo? El texto dice: "El **Espíritu** de Jehová" (Isaías 59:19). Y como los biunitarios aseguran que este nombre sólo lo puede tener una Persona divina, ellos mismos se obligan a aceptar que "el Espíritu de Jehová, el Señor" es una persona divina. Vemos que para cada creencia errada, hay una declaración bíblica correctora por anticipación.

Sabemos que Jesús es nuestro Consolador y abogado ante el Padre, el Juez (1 Timoteo 2:5). Y él dijo que el Espíritu Santo es "otro **Consolador**" (*parácletos:* Juan 14:16). Pero, aunque no tiene la autoridad legal como Jesús, porque es el único de la Trinidad que murió por el pecador, "el Espíritu mismo intercede por nosotros con gemidos indecibles" (Romanos 8:26). Nosotros también podemos interceder ante el Señor por alguien. Pero, ¿puede una fuerza impersonal interceder llorando, y que esa fuerza se genere de la misma mente humana, a la cual está rogando que acepte las peticiones con gemidos? ¿Puede haber algo más absurdo que esto? Hermanos biunitarios: Podemos tratar dar vuelta a muchas declaraciones bíblicas, pero no a todas.

Vimos que la Biblia nombra a **tres** personas divinas en muchas oportunidades. Negar que el Espíritu Santo sea una de esas tres personas, es negar buena parte de la Biblia (Números 6:24-26; Deuteronomio 6:4; Salmos 45:6,7 con Hebreos 1:8,9; Isaías 6:3; 33:22; 42:1 con Mateo 12:18; 48:16; 61:1,2; Mateo 3:16,17; 28:19; Marcos 12:29; Lucas 1:32-35; 1 Corintios 2:10,16; 12:4-6; Efesios 4:4-6; 2 Tesalonicenses 2:13; 1 Pedro 1:2; los tres del cielo que dan "testimonio": 1 Juan 5:6,9,10; Apocalipsis 4:8).

Una Binidad:

Según esta posición, toda la Deidad tendría que ser impersonal. Pero si toda la Deidad fuera impersonal, no podría generar un Hijo, como ellos creen, sino en todo caso derivarlo, o usar su omnipresencia –como sostiene la biunidad– para estar a la vez como Padre en el trono, y como Hijo en la tierra. Además, si aceptan que el Espíritu Santo es la **tercera** persona, pero dicen que es el Espíritu de Cristo mismo, ¿por qué le llaman "tercera persona" y no segunda, que sería la de Cristo? Qué confusión, ¿verdad?

También creen en un engendramiento o derivación real del Hijo que salió del Padre ("de su seno"), porque Jesús mismo dijo que es el "**Hijo** de Dios"; porque es menor que el Padre, y porque él es su "Dios". Pero en ese caso deberían explicar por qué debemos adorarlo como al Padre, como pide Dios (Juan 5:23; Hebreos 1:5,6), siendo que también llegó a ser menor que los ángeles y que nosotros mismos, pues vino a ser nuestro "siervo" (Filipenses 2:5-8). ¿Tenemos que adorar a ese "Siervo" nuestro o no? Más adelante veremos cuál es el sentido que da la Revelación a la expresión: "Hijo de Dios" que no tiene origen.

Ellos dicen también que si Cristo es Hijo Eterno, es porque salió del seno del Padre, queriendo decir que estuvo en el Padre eternamente hasta que lo dio a luz. Pero en Juan 1:18 se usa esta expresión en relación a la época en que vino a la tierra para revelarse a la humanidad. Además, el seno del Padre no es su vientre, no es su interior, sino su entorno más cercano o íntimo, como se ve también cuando Jesús habló en una parábola del "seno de Abraham" (Lucas16:22-23).

También dicen que el Espíritu Santo es el "Espíritu de Cristo", argumentando que **no** es "otro Consolador", sino el mismo Hijo de Dios espiritualizado que después de su ascensión al trono descendió a nosotros, como la posición anterior. Pero hacen silencio cuando el mismo Jesús habló del Espíritu al leer Isaías 6:1, revelando que lo había recibido de su Padre desde el principio de su ministerio en esta tierra. Es decir, mucho antes de su ascensión. Y también deberían explicar por qué Eliseo dijo que el Espíritu lo recibiría de Elías (2 Reyes 2:9,15). Por lo tanto, ellos deberían entender que el Espíritu es de Cristo, de Elías o del Padre, no como la espiritualización de sus mismas personas, o como un poder que se deriva de ellos, sino según quién anuncie el descenso de su persona y su obra personal entre nosotros.

Para negar que al Espíritu Santo se lo nombra con pronombres personales, se basan en Hechos 2:33 que dice: "ha derramado **esto**", con un sentido neutro. Pero al mismo tiempo niegan que Cristo deje de ser una persona, porque en Juan 1:1 también se lo presenta con la expresión neutra *ho Logos* –vemos que esto ocurre generalmente cuando se saca el texto del contexto–. Lo que tenemos que tener en cuenta, es que en el capítulo segundo del libro de Hechos, se habla del descenso del Espíritu Santo con la forma de un "fuego" que produce "un estruendo" (Hechos 2:2-4,33). Así que el vocablo "esto", se refiere, pues, a ese fenómeno. De ahí que ese "estruendo" tan particular, también es presentado con pronombre personal masculino (gr. *autos, egó* y *ekéinos*); puede enojarse y entristecerse (Isaías 63:10; Efesios 4:30), pastorear a los creyentes (Isaías 63:14), revelar cosas (Lucas 2:26), enseñar (12:12), regenerar y santificar (Tito 3:5; Romanos 15:16), dar vida (Salmos 104:30), resucitar muertos (Romanos 8:11); y también orar, o hablar con Cristo y a Dios, intercediendo por nosotros "con gemidos indecibles" (Romanos 8:26), como vimos. Sabemos muy bien que una energía, un simple estruendo, un poder impersonal, una emanación o vapor de Dios no puede hacer estas cosas.

La personalidad o persona del Espíritu se ve más claramente cuando él se presentó un día a Pedro: "Y mientras Pedro pensaba en la visión, **le dijo el Espíritu**: [...] levántate, pues y desciende, y no dudes de ir con ellos, porque **yo** (*egó*) **lo he enviado**" (Hechos 10:19,20). Sabemos que ninguna fuerza impersonal puede decir: "**Yo** lo he enviado", porque no es "*egó*".

Por último, cito a Juan cuando hace referencia a las tres personas divinas que obran por nosotros en 1 Juan capítulo 5, con la aclaración de que en el versículo 7 alguien agregó sin permiso divino las palabras: "el Padre, el Verbo y el Espíritu Santo; y estos tres son uno". Así que no tiene valor, sino lo que señalo aquí:

Desde los versos 6 hasta el 10 Juan nombra a las "**tres**" personas que dan testimonio: "**El Espíritu** es el que da testimonio [...] el testimonio de **Dios** [...] el **Hijo de Dios** tiene el testimonio en sí mismo" (1 Juan 5:6-12). Ya vimos que un espíritu impersonal no puede dar testimonio. Y el profeta de Dios asegura que se trata de "tres" que dan testimonio.

Como los binitarios creen, como los judíos, que Dios el Padre es eterno, y por eso el único verdadero Dios, creen que Jesús llegó al mundo engendrado por el Padre poco antes de la creación de la vida terrestre. Y para esto se basan en el capítulo 8 de Proverbios, pero no partiendo del verso 22, sino desde el 24, para afirmar que Cristo es el Hijo de Dios, no por engendramiento de **"pacto"** eterno (Salmos 89:3,4,26-29; Isaías 55:3), sino por engendramiento literal del Padre, según Salomón dice en Proverbios 8:22-30, y que parece contradecir a Miqueas 5:2.

En primer lugar, no aceptamos que los profetas se contradigan realmente, pues fueron inspirados por Dios (2 Timoteo 3:16). Salomón personifica a la sabiduría, y la relaciona con la sabia obra de Cristo. Y sabemos que las comparaciones no siempre concuerdan perfectamente, sino en la parte que se quiera destacar. El rey Salomón señala la sabiduría encerrada en el plan divino de creación y salvación humana de Cristo, que comenzó a dar a luz cuando se iniciaba la creación terrestre:

"Yahweh me tuvo consigo al principio de su camino, antes de sus obras. Desde la eternidad fui establecida, desde el principio, desde los orígenes de la tierra, cuando no había abismos fue dada a luz, cuando no había manantiales abundantes en agua. Antes que los montes fueron asentados, delante de la colinas fui dada a luz" (Proverbios 8:22-25).

En base a estas expresiones poéticas. algunos pretenden anular lo que después destacó el profeta Miqueas, profetizando el nacimiento de Jesús: "De ti me saldrá el que será Señor en Israel; y **sus salidas son desde el principio, desde los días de la eternidad**" (Miqueas 5:2). Y lo que también dijo el mismo Mesías: "**Antes de mí no fue formado Dios**,[1] ni lo será después de mí" (Isaías 43:10).

Por último, otros biteístas, como los de la Iglesia Cristiana Biblica Cibernetica, afirman que sólo hay un único Dios, que es el que se llama: Verdadero, Padre y Todopoderoso".

Para esta creencia, se basan en 1 Juan 5:20, para decir que habla sólo del Padre, argumentando que la expresión: *autos estín o alezinós Zeos:* "Éste es el verdadero Dios", no siempre se refiere a "este" de quién se habla en forma inmediata, es decir a "su Hijo Jesucristo". Puede ser correcto. Pero, ¿de dónde obtienen la autoridad para definirlo, cuando el texto da la posibilidad tanto para el Padre como para el Hijo? No se puede hacer un credo basado en un texto que no es claro por sí mismo. Y la Biblia dice que Cristo también es el "gran Dios" (Tito 2:13); con "toda **la plenitud** de la Deidad" (Colosenses 2:9); "Dios sobre todas las cosas" (Romanos 9:5); "el santo, el Verdadero" (Apocalipsis 3:7: Aquí habla Cristo 1:1); el "Dios Todopoderoso" (Apocalipsis 1:8; 11:17; 15:3), y nuestro "Padre eterno"–como nuestro Creador indirectamente por medio de su "hijo" Adán (Isaías 9:6), pues la primera persona divina es nuestro Padre únicamente si creemos por la fe (Juan 1:12). En cambio Satanás es "hijo de Dios" y no tendrá vida eterna, pues será convertido en "ceniza sobre la tierra" (Ezequiel 28:18,19).

Además. en ninguna parte de la Biblia dice que la primera persona de la Deidad es "Padre eterno" como el Hijo Redentor y formador nuestro (Isaías 9:6; 63:16; Colosenses 1:16; Juan 1:3) que nos creó del barro (Isaías 64:8), ya que, como veremos más adelante, el Hijo no es Hijo eterno literalmente, sino que llegó a serlo después de los días de David (Salmos 2:7; Hechos 13:33,34; Romanos 1:4). Por lo tanto, el Padre, el **Dios** eterno, siempre existió y existirá siempre –gracias a Dios–, pero no puede ser llamado "**Padre** eterno" **desde** siempre, sino Padre **para** siempre de los que **creen** en él (Juan 1:13), porque el Dios eterno no siempre fue Padre.

Cristo es Hijo y Cordero desde antes de la fundación del mundo, por decisión, por "pacto" eterno, no por filiación eterna Padre-Hijo, como creen tantos (Hechos 13:34; Salmos 89:3,4,26-29; Isaías 55:3). El Hijo llegó a ser hijo como nosotros recién en la encarnación, y

---

[1] Ya vimos por qué aquí Dios se escribe con mayúscula.

plenamente en la resurrección, cuando se ganó el título *uiós* que también recibiremos nosotros: "no engendrados [...] de varón sino de Dios" (Romanos 1:4; Lucas 20:36; Juan 1:13). Esto es así porque en la Biblia hay dos clases de "hijo": Por engendramiento humano, y por engendramiento espiritual como "fiel" discípulo de (Filemón 10; 1 Corintios 4:15,17; Hechos 3:25). Por eso Jesús es nuestro gran Ejemplo – ¡y qué ejemplo, al llegar a ser de Dios, nuestro "siervo"!– y hoy el primero y principal "**co**heredero" de la humanidad salvada (Romanos 8:17). Ya volveremos a esto.

También afirman que "Jesús no fue el Creador del Universo, sino el Mediador"; y el único "obrero maestro" de Dios que debe ser honrado, pero "no adorado" como el Padre. Es correcto decir que Cristo es nuestro "mediador" (1 Timoteo 2:5), pero es incorrecto afirmar que el Padre es el único Creador, y Cristo el único "obrero" del Creador, para poder afirmar que no hay una tercera persona divina. En Deuteronomio 32:18 Moisés dice: "De **la Roca que te creó** te olvidaste, te has olvidado de **Dios tu Creador.** Y Pablo aclara: "Y **la Roca era Cristo**" (1 Corintios 10:4). Salomón también señala a dos Creadores. Por eso nos dice: "Acuérdate de tus **Creadores** [*Bore áka*: en plural]". Y por último, Dios el Padre dijo: "**Hagamos** al hombre a nuestra imagen" (Génesis 1:26).

Por lo tanto, hay más que un Creador; y también hay más que un "obrero" divino: "¿A dónde me iré de tu Espíritu? [...] Porque tú formaste mis entrañas [... y Adán, gracias al soplo de vida de Cristo] entretejido en lo más profundo de la tierra" (Salmos 139:7-15). "Les quitas [a los hombres] el hálito, dejan de ser [...] Envías tu **Espíritu, son creados**" (Salmos 104:30). Pero, "sin él [sin la vida del Verbo de Dios (Juan 14:6)] nada de lo que ha sido hecho, fue hecho" (Juan 1:1-3), "porque en él fueron **creadas** todas las cosas" (Colosenses 1:15-17).

Además la Biblia dice claramente que debe ser adorado no sólo el Padre, sino también el "Hijo", ya que vimos que es "el gran Dios", y "Dios sobre todas las cosas", "porque en él habita corporalmente **toda la plenitud de la Deidad**" (Josué 5:14; Mateo 2:2,11; 14:33; 28:9,17; Juan 9:38; Colosenses 2:9; Hebreos 1:6; Apocalipsis 5:13,14; 14:7).

Un Dios de tres seres:

A pesar que la Iglesia Adventista del Séptimo Día es conocida por su conocimiento de la Biblia, la doctrina de la Deidad no fue entendida plenamente desde el principio. Y si bien ha avanzado en el tema más que otras denominaciones, presentó hasta hace pocos años algunas dudas en sus *Creencias de los Adventistas del Séptimo Día*:

"Dios el Padre Eterno es el Creador, **Originador** [...] **de toda la creación**". "Por medio de él [del Hijo] se crearon todas las cosas".[1]

Todavía quedó la idea de que Dios Padre es el Dios verdadero por ser el originador de todo, y por lo tanto sería el único verdaderamente eterno. Pero después fue corregido:

En una "guía de estudio para la Escuela Sabática" se lee: "Jesús **vino del Padre** [porque es "uno" con él] (Juan 10:30), **y existe eternamente con el Padre** (Juan 1:2). Nunca

[1] *Creencias de los Adventistas del Séptimo Día,* (Bs. As.: ACES, 2007), p. 34.

hubo un tiempo cuando Jesús no haya existido; de otro modo, sería un ser creado".[1] "Era **igual** a Dios, infinito y omnipotente [...] Es el Hijo **eterno y existente por sí mismo**".[2] EGW no dice que es "eterno" porque su sustancia deriva del Padre, sino porque existe "por sí mismo". "En Cristo hay **vida original, que no proviene ni deriva de otra**".[3]

Esta posición fue enseñada en colegios Adventistas del Séptimo Día, mayormente durante las décadas de los 60 a los 80, como "**tres seres separados y distintos**, no obstante son uno en naturaleza, en carácter y en propósitos, y trabajan en tan íntima relación **como si fueran uno**".[4]

Otro exponente propuso que la "Divinidad equivale a **estructura**, y la familia es la estructura que más se parece a ella". Según esta posición, esta "familia" *sui generis* está compuesta de tres personas, "implicando el concepto de **pluralidad de seres**"; con nombres propios, pero con un mismo apellido (*o nombre de familia*): DIOS (*'El*). El Padre es ***'El***; el Hijo: ***Emanuel*** (Dios con nosotros), y el Espíritu Santo: ***Lanuel*** (Dios en nosotros).

"El hecho de que en la Deidad haya personalidades separadas, no destruye la enseñanza monoteísta de la Escritura",[5] explicando que esos tres "seres" no tienen más que un solo nombre de familia. Por esa causa se argumenta que cada uno se "apellida" *'El* (Dios singular) de *'Elohim* (Dios plural).

JEHOVÁ Y SEÑOR

"Jehová" (*YᵉHôWâH*), del hebreo YHWH o *YaHWêH* es una forma del verbo (*hâyâh*), "ser", "existir". Dios relacionó *YaHWêH* con la frase: "YO SOY EL QUE SOY". Es decir que este nombre particular del verdadero Dios, significa "el Eterno", "el que existe por sí mismo", "el que siempre es" (Éxodo 3:14,15).

---

[1] Brian Jones, *La maravillosa cruz. Guía de estudio de la Biblia,* (Bs. As.: ACES, enero-marzo 2005), p. 44.

[2] White, *Ev,* p. 446.

[3] *DTG,* p. 489.

[4] *PDV,* p. 35.

[5] Catecismo, *CIC,* 1:31.

En la Biblia, el llamado "Tetragrámaton" *YHWH* (*YaHWêH*) aparece más de 6.800 veces; y los masoretas (s. VIII d.C.) le agregaron las vocales de la expresión hebrea *Ădônây*, que significa "Señor", pronunciando "Jehová". Pero los eruditos están de acuerdo que la verdadera pronunciación debería ser "*Yahweh*" (*Iajvé*), como se lee en las versiones bíblicas de la Iglesia Católica.

Poco tiempo antes de la primera venida de Cristo, los escritores de la Biblia dejaron de pronunciar el nombre propio de Dios; y los apóstoles tampoco se animaron a emplearlo en sus escritos del Nuevo Testamento. Por eso reemplazaron $Y^{a}HW^{é}H$ por la palabra hebrea *Ădônây* o la griega *Kúrios*: "Señor". Esta costumbre se arraigó tanto, que aún Cristo prefirió usar la palabra *Kúrios* (Señor) en lugar de Jehová (Mateo 22:43,44).

Sin embargo, el Maestro vio necesario corregir con firmeza la creencia hebrea del monoteísmo absoluto, es decir de la Deidad de una sola persona verdaderamente Dios. Por eso, frente a los teólogos y escribas fariseos, hizo desmoronar otra costumbre errónea que prevalecía en su tiempo, y que se relaciona con el nombre propio de Dios. Es a saber, de no usar jamás el singular "Jehová" para otra persona divina que no fuera el Padre. Por eso, los escribas nunca escribieron Salmos 110:1 e Isaías 48:16 con más de un "Jehová", pues allí es fácil entender que Jehová se presenta con otra persona divina eterna.

Cristo trató de hacerles ver que generalmente el "Jehová" del A.T., que ellos creían que era el Padre, era el que ellos llamaban "el Ángel de Jehová", es decir el Enviado de Jehová de Éxodo 2:14-16, y el "Hijo del Altísimo". Pero el argumento más desbastador fue señalarles a dos personas divinas juntas como "Jehová". En realidad, aún hoy sigue siendo desbastador para muchos cristianos. Donde dice: "Jehová [*YHWH*] dijo a mi Señor ['*Adonay*]: Siéntate a mi diestra", Cristo tradujo: "Dijo el Señor [griego ***Kúrios***] a mi Señor [***Kúrios***]: Siéntate a mi diestra" (Mat. 22:44).

Aquí, Cristo interpreta '*Adonay* ("Señor") con el mismo significado de *YHWH* ("Jehová"); y hace relacionar un "**Señor**" con otro "**Señor**", nombrándolos dos veces en la misma frase. Esto era para ellos una tremenda herejía; y es hoy una gran incógnita para muchos teólogos cristianos. Si buscamos en el Nuevo Testamento todas las veces donde se nombran a las personas de la Deidad, veremos que **nunca** se usa el nombre de Dios o Señor más de una vez en una misma frase. Si se nombra al Padre y al Hijo juntos, se escribe Dios y Señor. Nunca Dios y Dios o Señor y Señor (1 Cor. 12:4-6; 2 Cor. 13:14; 2 Tes. 2:13; Efe. 4:4-6, etc.). Sólo Cristo, el autor de toda verdad, supo cómo romper con este prejuicio que siguió latente en todo el N.T. Y ya sabemos que éste no fue el único concepto errado que mostraron los profetas –todos fueron judios.

Sin embargo, cuando la Trinidad no se la encuentra fácilmente, o cuando las descripciones pueden interpretarse para una misma persona de la Deidad, Jehová puede repetirse tantas veces como a personas se refiera. En Isaías 33:22 leemos: "**Jehová** es nuestro Juez [Padre], **Jehová** es nuestro legislador [El Espíritu Santo nos dicta la Ley en nuestra mente], **Jehová** es nuestro rey, él mismo nos salvará [Cristo es Rey y Salvador]".

Los estudiosos hebreos atribuían esta triple obra de la Deidad sólo al Padre. Por eso permitieron que *YHWH* se escribiera más de una vez en una misma declaración. Pero nosotros sabemos que el Juez es el Padre; que el Salvador propiamente dicho es quien derramó su sangre en la cruz; y que él es el único Mediador entre el Padre y el hombre (Salmos 50:6; 75:7; Hebreos 12:23,24; 1 Timoteo 2:5; Hechos 4:12). Sabemos que no podría haber un Mediador si no existiera más de una persona divina.

En Génesis 19:24, el "Jehová" que está en Sodoma, hace caer fuego de parte de "Jehová" desde los cielos. Y en Números 6:24-26, "Jehová" se repite tres veces. El primer "Jehová" es quien nos bendice, el segundo quien tiene misericordia de nosotros (Cristo), y el tercero quien pone en nosotros la paz (Espíritu Santo). De esta manera, "Jehová", que siempre se escribe en singular, toma un sentido de pluralidad, como Dios (*'Elohim,* plural de *'El*).

En Isaías 6:3, que Juan interpreta en Apocalipsis 4:8, se repite "Santo" tres veces: para el "Señor", para "Dios" y para "el Todopoderoso". En el N.T., la presentación de la Trinidad tiene una particularidad. Es cuando el Hijo de Dios se encarna, anonadando su divinidad a tal punto que llega a ser "menor que los ángeles" que él mismo había creado (Hebreos 2:9); y el Padre llegó a ser su propio "Dios" (Juan 20:17; Efesios 1:17. Ver Salmos 89:26), es decir "mayor" que el Hijo (Juan 14:28). Por esa causa, cuando se nombra a los tres, siempre "Dios" es el Padre; el único de la Deidad que ahora obra en "toda la plenitud de la Divinidad corporalmente".[1] Por no tener esto en cuenta, los Testigos de Jehová y los binitarios creen que el Padre es el único Dios verdadero, y para la iglesia de Roma "la fuente y el origen de la divinidad".[2]

Como vimos en Números 6:24-26 y en Isaías 33:22, Pablo también destaca la obra que realiza cada persona divina de esta manera: "La gracia del **Señor** Jesucristo, el amor de **Dios**, y la comunión del **Espíritu Santo** sean con todos vosotros" (2 Corintios 13:14).

Si tenemos en cuenta que el "Señor" (*Kúrios*) del N.T. es el "Jehová" del A.T., aquí se desmorona la creencia cristiana de que cuando se nombra a "Jehová", o "Señor" se está nombrando a toda la Deidad. Aquí, además de "Señor", Pablo nombra a "Dios", que tampoco lo emplea como sinónimo de Trinidad, pues entonces tendríamos la Trinidad más un "Señor" u otra Trinidad.

En 1 Corintios 12:4-6, el apóstol repite estos tres nombres con los dones del "Espíritu" (Santo), el ministerio del "Señor" (Jesús) y la operación de "Dios" (Padre).

En 2 Tesalonicenses 2:13,14, con la gracia de "Dios" (Padre), la salvación del "Señor" (Jesús), y la santificación por "el Espíritu" (Santo).

En Efesios 4:4-6, "un Espíritu [...] un Señor [...] un Dios Padre".

En la Trinidad del apóstol Pedro, con la presciencia de "Dios Padre", la santificación del "Espíritu" y la sangre de "Jesucristo" (1 Pedro 1:2); y cuando Cristo mismo se expresó, "en el nombre del Padre, y del Hijo, y del Espíritu Santo" (Mateo 28:19).

---

[1] White, *Ev,* p. 446.

[2] Catecismo, *CIC*, p. 62.

Como vimos, Juan presenta la Trinidad en 1 Juan 5:6-10. Luego de afirmar que "el **Espíritu** es el que da testimonio" del bautismo de Jesús (testimonio del "agua") y de su sangre derramada en la cruz (testimonio de la "sangre"), habla de "el testimonio de **Dios**"; y que "el **Hijo de Dios**, tiene el testimonio en sí mismo". De ahí que la frase que los copistas agregaron después del siglo XV a estas declaraciones de Juan, donde dicen que son tres los que dan testimonio en el cielo (última parte del verso 7 y primera del 8 que no está en el original), no está errada.

Aunque en todos estos tríos divinos "Dios" siempre es el Padre, el orden de las tres personas no es el mismo. Eso también ocurre en el A.T.:

Jehová Padre, Jehová Hijo, Jehová Espíritu Santo (Números 6:24-26).

Jehová el Padre, Jehová el Espíritu Santo y Jehová el Salvador (Isaías 33:22).

Jehová el Padre, el Señor y el Espíritu Santo (Isaías 48:16).

De esta manera se desvirtúa la creencia tan generalizada desde los Padres Apostólicos, de que el origen es el Padre; la segunda persona, el Hijo generado por el Padre; y la tercera, el Espíritu Santo que viene de ambos.

SEÑOR NO ES SINÓNIMO DE TRINIDAD

Como ya destaqué, generalmente se cree que *kúrios*: "Señor" —el "Jehová" del A.T.— nombra a todas las personas de la Deidad. Por ejemplo, cuando leemos: "Oh Señor [...] sólo tú eres santo" (Apoc. 15:4), Juan se refiere al "Cordero" y "Rey de los santos", es decir a Cristo (15:3). En 2 Corintios 3:18, en el texto original dice: "El Espíritu, el Señor". Aquí, "Señor" es sólo el Espíritu Santo.

El "Señor" es sólo el Padre: Mat. 4:7,10; 11:25; Marc. 12:36; Luc. 1:15,32; 4:8,12; 10:21; 2 Cor. 6:18; Apoc. 21:22.

El "Señor" es sólo el Hijo: Juan 9:38; 20:28; 1 Cor. 12:3; Hech. 1:21; 10:36; 16:31; Rom. 1:17; 1 Cor. 2:8; Fil. 2:10; Heb. 1:10; Apoc. 17:14.

El "Señor" es sólo el Espíritu Santo: Luc. 4:8; Hech. 8:3,39; 2 Cor. 3:17,18.

En Efesios 4:5, el "Señor" no es uno porque es toda la Deidad, pues dice: "**Un Señor**, una fe, un bautismo, **un Dios y Padre** de todos". Si aquí el "Señor" no fuera Cristo, el Padre sería el único Señor; y eso no lo aceptamos porque no está en la Biblia.

Tampoco hay un "Padre" de la Trinidad, cuando Pablo dice: "**Padre de nuestro Señor** Jesucristo" (Col. 1:3) desde su nacimiento en Belén ; ni "el Verbo de Dios" es el único Señor, cuando leemos: "Rey de reyes y **Señor** de señores" (Apoc. 19:16). En otras palabras, Cristo no es el único en la Deidad, como vimos en el A.T., sino el único "Señor" o "Jehová" entre los *'elohim* humanos.

DOS IMÁGENES EN EL TRONO

Ezequiel revela que "sobre la figura del trono había **una semejanza que parecía de hombre** sentado sobre él. **Y vi apariencia** como de bronce refulgente, como apariencia de fuego dentro de ella en derredor, desde el aspecto de **sus lomos** para arriba; y desde sus lomos para abajo, vi que parecía como fuego, y que **tenía resplandor alrededor** [...] Esta fue la visión de **la semejanza de la gloria de Jehová**" (Eze. 1:26-28).

El profeta ve una imagen que es semejante al hombre (Gén.1:26, 27). Pero una segunda "semejanza" está rodeada de tanta gloria, que sólo alcanza a ver su cintura, pues habla de sus "lomos". Con esta palabra, el profeta da a entender que la otra semejanza también tiene una silueta parecida al hombre, pero no puede ver suficientes detalles como para estar seguro de eso. Esto se debe a que Isaías vio que su gloria era como la luz del sol siete veces mayor, y por eso en el cielo no hay noche (Isaías 30:26; Apocalipsis 22:5).

Isaías vio la misma visión, y escuchó cuando una de las personas divinas decía: "¿Quién irá por **nosotros**?" (Isa. 6:1,8). Después de contemplar estas imágenes, Pablo escribió que el Hijo es "**el resplandor** de su gloria, y la **imagen misma de su sustancia** [...] a la diestra de la Majestad en las Alturas" (Heb. 1:2,3).

Aquí, Pablo dice que el Padre se presenta con mayor gloria, porque el Hijo refleja esa luz como si él no la tuviera o fuera de menor luminosidad –que es lo que realmente ocurre–. "Tres veces [Cristo] quedó envuelto por la esplendente luz que rodeaba al Padre, y la tercera vez **salió de junto al Padre de modo que ya fue posible ver su persona**".[1]

Debemos tener en claro que las tres personas divinas poseen "la imagen misma de su sustancia" —habla aquí de la igualdad expresa de la sustancia divina, no de los detalles del rostro, que **no** significa que sean exactamente iguales—. Esta diferencia de gloria visible ocurre desde la creación del universo, y cuando "el Padre y el Hijo y el Espíritu Santo se dieron a sí mismos para llevar a cabo el plan de la redención". Hoy el Hijo conserva velada "corporalmente toda la plenitud de la Deidad" (Col. 2:9). "Su gloria se veló para que la majestad de **su persona** no fuese objeto de atracción".[2] Por eso, el "**cuerpo** de la gloria suya" (Fil. 3:21) muestra menor gloria que la del Padre. Pero esto será hasta la coronación final al fin del milenio, cuando por un momento el mismo Satanás, que estuvo antes del pecado en la misma sala del trono, quedará "paralizado al contemplar la gloria y majestad de Cristo";[3] "la gloria" que tuvo "antes que el mundo fuese" (Juan 17: 5). Y en cuanto al Espíritu Santo, lógicamente no se lo vio porque está en espíritu.

Cuando Juan vio la visión de la Deidad en el trono, vio también a "uno sentado", que trató de describir su gloria (Apoc. 4:2); y "un Cordero" que "estaba en pie" que se acercó a él (5:1,6,7) —que en realidad era "semejante al Hijo del Hombre" (14:14)—; y escuchó:

---

[1] White, *PE,* p. 126.
[2] ——, *El deseado de todas las gentes (DTG),* (California: Pub. Inter., 1966), p. 29.
[3] *CS,* p. 727.

"Santo, santo, santo es el Señor Dios Todopoderoso" (4:8). Ahora Juan revela que, aunque ve a dos personas en el trono, la alabanza es para tres. Es decir, no sólo para Dios y para el Señor, sino también para el "Todopoderoso", que no se ve porque está en espíritu y así poder usar su omnipresencia.

A pesar que el pueblo de Dios no siempre se mantuvo fiel, y llegó a aceptar creencias extrañas al evangelio, siempre hubo creyentes que mantuvieron prendida y en alto la antorcha de la verdad. Alrededor del año 55 d.C., después que los centinelas de la verdad habían rechazado a Jesucristo, introduciendo toda clase de herejías, un fervoroso creyente nacido en Turquía, que había llegado a la ciudad de Éfeso para predicar "la verdad eterna", se encontró con hermanos en la fe que habían sido bautizados por Juan el Bautista, y sostenían la doctrina biteísta. Es decir, que creían que hay un solo Dios verdadero, que es el Padre, y un Hijo que llegó a nacer en Belén como el Mesías profetizado.

Siendo que la creencia en tres personas divinas es fundamental en el evangelio de Cristo, ese predicador llamado Pablo de Tarso, que creía en el pronto regreso de Cristo y guardaba el sábado (Hechos 17:2; 18:4), dijo a sus creyentes que debían ser bautizado otra vez porque no sabían nada del Espíritu Santo (Hech. 19:1-5). Y para asegurarse de que los hermanos de la iglesia de Éfeso se conservaran en "la verdad eterna", escribió después su carta a los Efesios, donde insistió en la necesidad de creer y vivir, no solamente "en Cristo", sino también en la tercera Persona del cielo:

Porque "tenemos entrada por un mismo **Espíritu** al Padre" [...] edificados para morada de Dios en el **Espíritu**" (Efe. 2:18-22), y "con toda oración y súplica en el **Espíritu** (6:18). Misterio que fue "revelado a sus santos apóstoles y profetas por el **Espíritu**" (3:5), y fortalecidos "en el hombre interior por su **Espíritu**" (3:16) y "en la unidad del **Espíritu**" (4:3).

Pablo habla aquí principalmente de la unidad doctrinal acerca de las columnas fundamentales de nuestra fe, pues sigue diciendo que hay "un **Espíritu** [...] un Señor [...] un Dios y Padre" (4:4-6). ¿Por qué insistía que creyeran en la persona del Espíritu? Porque el fruto del **Espíritu** es en toda bondad, justicia **y verdad**" (5:9). Y por la defensa de esta "verdad" es que el apóstol pide que se tome "la espada del **Espíritu**" –la Biblia guiada por esta Persona divina (6:17)–. Por eso concluye: "Y no contristéis al **Espíritu Santo** de Dios" (4:30), sino "sed llenos del **Espíritu**" (5:18) –recuerde que no hay un Espíritu que deriva "de Dios", "de Cristo" y "de Elías", sino que se nombra a la persona que es anunciada por ellos. Y es por eso que hacemos un llamado a nuestros hermanos biteístas, para que acepten esta "verdad eterna".

LAS PERSONAS DE LA DEIDAD

En la Biblia, la palabra hebrea *paneh*: rostro, faz, semblante, persona, frente a una persona, y presencia visible (Gén. 3:8; 32:30; Deut. 1:17; 5:4; 7:10; 10:17; 16:19; 34:10; 2

Sam. 17:11; 1 Rey. 19:2; 2 Rey. 12:4; 1 Crón. 5:21; 2 Crón. 19:7; Job 13:8,10; 32:21; 34:19; Sal. 82:2; 109:18; Prov. 18:5, 24:23; 28:21, etc.); aparece en total 2109 veces, y equivale al vocablo griego *prósopon*, que se lee 76 veces como rostro, faz, cara (Mat. 6:16,17; 16:3; 17:2; 1 Cor. 13:12, etc.), persona (Mat. 22:16; Luc. 20:21;2 Cor. 2:10), presencia y apariencia (Mar. 12:14; Luc. 2:31; Hech. 2:28; 7:45; Gál. 2:6, etc.). También se leen las palabras *prosopolempsía* (Rom. 2: 11; Efe. 6:9,etc.) y *prosopolemptéo* (Sant. 2:9), de *prosopolémtes* (Hech. 10:34), que viene de *prósopon*. En todos los casos es una persona que se ve; un rostro y una presencia que se muestra mediante su imagen y forma física.

Lo que nos interesa en este estudio, es saber que la Biblia usa las palabras *paneh* y *prósopon* tanto para la persona humana como para las personas de la divinidad, **sin hacer ninguna distinción**. Por ejemplo, en Génesis 32:30 leemos: "Y llamó Jacob el nombre de aquel lugar, Peniel [*paneh-'El:* rostro o persona de Dios singular]; porque dijo: Vi a Dios cara [*panim*] a cara [*panim*]". Aunque la expresión "cara a cara" en el A.T. se escribe generalmente en plural (*panim*), como una expresión idiomática, siempre —salvo una vez que veremos por qué— se entiende en singular. Es decir, que Moisés vio la **persona de Dios** frente a su **persona humana**. Algo semejante dijo Moisés cuando habló con Cristo oculto en una nube, pero frente a él (Éxo. 33:19,20). Después lo vio directamente, pero solo la espalda de su persona, sino hubiera muerto por su gloria (33:23).

Sin embargo, es evidente que Dios no aceptó esta expresión idiomática pluralista, pues cuando en Números 12:8 Moisés citó textualmente lo que Dios dijo, escribió "cara a cara" en singular, como corresponde, ya que Cristo no es la Trinidad, sino una persona. Y lo llamativo es que en Deuteronomio 5:4, cuando Moisés se refiere a la presencia del Padre con el Hijo, hablando al pueblo sobre el monte Sinaí,[1] escribe "caras **con** caras".[2] Aquí no aparece la expresión idiomática "caras **a** caras", como una singularidad, sino "con caras". Como nadie pudo ver el rostro de Dios sin morir, debe entenderse "personas" o "presencias" y no "caras". Y dos ejemplos conocidos en el N.T., podemos encontrarlos en el regreso de Cristo, cuando los malos tratarán de esconderse de su "rostro" (Apoc. 6:16); y "el rostro" del Padre que ven en el cielo los seres que nunca cayeron (Mat. 18:10) y que también verán los redimidos (Sal. 17:15).

Con esto podemos entender que el Hijo de Dios es una "persona"; el Padre es una "persona"; si se presentan juntos son "personas" en plural, y nosotros somos "personas" **con el mismo significado** que se le da a ellos. Esto significa que no estamos con la Palabra de Dios, como por tanto tiempo se creyó en el cristianismo, cuando decimos que nosotros somos personas, pero la Trinidad no son tres personas reales porque dejaría de ser un solo ser divino.

En Filipenses 2:6,7, Pablo revela que antes de toda creación Cristo tenía la "forma" (*morfé*) del Padre. En las versiones RV 2000 y *Biblia de Jerusalén*, *morfé,* que aparece tres veces en el N.T. (Marc. 16:12; Fil. 2:6,7), se traduce como "condición" porque, obviamente,

---

[1] "Cristo y el Padre, estando lado a lado sobre el monte, con majestad solemne proclamaron los Diez mandamientos". (White, *Ev,* p. 447).

[2] Ricardo Cerni, *Antiguo testamento interlineal hebreo-español* (según Códice de Leningrado), (Barcelona: Edit. CLIE, 1990), p. 744.

la mayoría de los cristianos no cree que Dios tenga una forma visible. Kasemann dice que esta interpretación es la fórmula helenista o platónica.[1] Sin embargo en Marcos 16:12, cuando Cristo está con apariencia humana, *morfé* se traduce como "forma" y "figura" respectivamente, mostrando la inconsistencia de los traductores. Y en 2 Timoteo 3:5, Pablo usa *mórfosis* como "apariencia".

Hay tres posiciones que tratan de interpretar esta *morfé* de Dios. Una sostiene que es sólo su forma platónica o espiritual, es decir las cualidades divinas y su carácter cuando se puede formar también en nosotros al estar en él (Gál. 4:19). Una segunda, que habla de las características esenciales o naturalezas de Dios y del "siervo" humano. Y una tercera, más bíblica, que habla de **toda** la naturaleza de Dios revelada como es originalmente, donde incluye la parte corporal divina, y luego como humana.

Para poder interpretar correctamente lo que expresa el apóstol, debemos examinar también el significado de la palabra *kenoo:* anular, privar, desvirtuar, dejar sin efecto, de *kenós:* vaciar), que se traduce generalmente como "despojar". Lo que Cristo vació o dejó en el cielo no fue su "forma" o imagen gloriosa, ni fue su "condición" o sus poderes divinos, como se interpreta generalmente, pues él fue "Emanuel", Dios con nosotros (Mateo 1:23). Tampoco fue la "forma" de su carácter, ya que lo reveló en plenitud. Esta "forma" que dejó literalmente fue su "vestidura" y su "corona de Rey".[2] El Hijo de Dios nunca dejó de ser Dios con los hombres (Mateo 1:22).

Pero si interpretamos *kenoo* como se emplea generalmente en el N.T., esto es: anular, anonadar, privar, desvirtuar o dejar sin efecto, entonces podemos entender que el Hijo de Dios no dejó la figura o forma gloriosa de su persona —como si ésta fuera una máscara—, sino que la veló, la escondió, la espiritualizó en su cuerpo humano, dejando latente o sin efecto todas sus facultades divinas.

EGW también escribió que Cristo "se desvistió a sí mismo de **la forma de Dios**, y en su lugar tomó **la forma y figura de hombre**".[3] Su explicación es clara y sencilla: "**Su gloria se veló** para que la majestad de **su persona** no fuese objeto de atracción".[4]

Algunos que niegan que la divinidad de Cristo tenga *morfé* visible, argumentan que *morfé* tiene un sentido espiritual y se diferencia de la palabra *schema*, porque dicen que tiene un significado más literal. Pero vimos que en la Biblia la palabra *morfé* también tiene un significado material y visible (Mar. 16:12). Si sostenemos que en Filipenses 2:6,7 "forma" no tiene un significado literal, entonces Cristo hubiera tomado la "forma" de servidumbre humana en sentido espiritual; es decir que no se hubiera encarnado. Y si afirmamos que la primera "forma" es sólo espiritual y la segunda real, tenemos que presentar la prueba bíblica para hacer esta diferenciación; y ésta no existe. Por lo tanto, es tiempo que abandonemos la interpretación que da aquí la mayoría de los comentadores cristianos.

---

[1] José Antonio Cuenca, *La Cristología Actual y Filipenses 2:6-11*, Barcelona: CLIE, 1991, p. 109.
[2] White, *Ms*, B, 1898; *RH*, 4 de setiembre de 1900.
[3] *RH*, 4-9-1900.
[4] *DTG*, p. 29.

Entonces, Pablo nos quiere decir que el Hijo abandonó en el trono su manto glorioso y su corona de Rey, y trajo consigo al mundo su persona y condición divina escondida, desmaterializada y sujetada, para poder tomar la figura y la condición humana más humilde. Esta "forma", "imagen" o "persona" gloriosa de Dios ocupa realmente un lugar en el espacio. Pero se entiende que ese "cuerpo" de gloria no está constituido por elementos conocidos por el hombre. Por eso tuvo que encarnarse (Romanos 8:3; Hebreos 2:19).

Estoy con EGW cuando niega explícitamente que la unidad de la Deidad sea en persona: "La unidad que existe entre Cristo y sus discípulos no destruye la personalidad de uno ni de otros. **Son uno en propósito, en espíritu, en carácter, pero no en persona.** Así es como Dios y Cristo son **uno**".[1]

Como vimos, en la tercera y cuarta posturas de las creencias acerca de Dios, no pueden ser tres semi-personas en una persona verdadera, por la simple razón de que tienen "imagen" y "forma" corporal como los discípulos a quienes Cristo les estaba diciendo que fueran "uno". Nadie pensó que los discípulos de Cristo fueran 12 semi-personas en una persona corporal, por lo que leemos en Juan 17:21.

Por lo tanto, queda claro que las "personas" de la Deidad no deben ser consideradas sólo en sentido intelectual y espiritual, sino también en "imagen" visible de Dios, cuyo "rostro" físico podremos ver en la eternidad, como aseguró Pablo de Tarso (Filipenses 3:20,21). Si son tres personas, tienen que ser tres seres visibles que muestren su rostro (Apocalipsis 6:16). Incluso, debemos incluir a la tercera persona divina que está obrando en Espíritu. Ya volveremos a esto.

LA IMAGEN DE DIOS

Las palabras griegas *jaractér* (Heb. 1:3) y *eikón* (Mat. 22:20, etc.) son equivalentes, y se refieren a una figura física (Mat. 12:16; Luc. 20:24; 1 Cor. 11:7; Heb. 10:1); a una forma o imagen (Rom. 1:23; 1 Cor. 15:49); a una imitación (Apoc. 13: 14,15, etc.); y unas pocas veces a carácter (Rom. 8:29; 2 Cor. 3:18; Col. 3:10).

En el A.T., *tselem*: "imagen", se lee 17 veces, y significa figura y apariencia (Gén. 5:3; Sal. 73:20; Eze. 8:3,5), una escultura y una estatua (Lev. 26:1; Sal. 106:19, etc.). A diferencia del platonismo que prevalecía en los días apostólicos, para los hebreos no podía existir una *tselem* que no se la pudiera ver (Isa. 40:18). Por ejemplo, cuando Adán "engendró **un** hijo a su **semejanza**, conforme a su **imagen**" (Gén. 5:3), significaba que "Set aventajaba en estatura a Caín y Abel, y **se parecía a su padre Adán más** que sus otros hermanos".[2]

En el A.T., el vocablo *d^{e}mûwth*: "semejanza", se lo emplea para señalar el parecido tanto material como espiritual entre dos o más personas. Pero "imagen" (*tselem*), hace referencia especialmente a la figura visible. Esto quiere decir que la declaración divina: "a nuestra

---

[1] *MC*, p. 329.

[2] ——, *Patriarcas y profetas (PP),* (California; Pub. Inter.,1955), p. 66.

imagen, conforme a nuestra semejanza", relaciona directamente nuestra figura corporal con la imagen (*tselem*) de las personas de la Deidad (Génesis 1:26,27).

Fue el Padre quien dijo "Hagamos [...], y fue el Hijo quien le dio el soplo de vida (Juan 1:3,14; 11:25). Pero, como vimos, Cristo no fue el único Creador, pues cuando en Eclesiastés 12:1 Salomón nos dice: "Acuérdate de tu Creador", en hebreo lo dice en plural: *Bore áka*: "Creadores". Y en Job 33:4, Moisés escribió: "El Espíritu de Dios me hizo, y el soplo del Omnipotente me dio vida". Aquí, el "espíritu" es el Espíritu Santo que obró con Cristo, pues sólo Dios, y no una energía de vida de Cristo, podría transformar el polvo de la tierra en 10 billones de células (que son como ciudades en miniatura) que actúen en perfecta unidad viviente, y en pocos segundos (Ver 26:13; Sal. 139:7-16; 104:30; Isa. 34:16). Aquí se ve otra vez el poder divino y la individualidad de la tercera persona de la Deidad desde la creación.

Adán era "imagen" de Dios antes de tener vida; antes de poseer una semejanza espiritual. Ya lo era por poseer una forma de cuerpo humano semejante al de los "Creadores". Adán fue hecho a "imagen" de Dios por su "forma". No sólo tenemos que aceptar que el Padre y el Hijo tienen "forma" visible semejante al hombre que hicieron, sino que también la debe tener la persona divina que se dio a sí misma y llegó a ser "Espíritu" para poder obrar al mismo tiempo en toda la creación; y mantener vivas, minuto a minuto, a todas las criaturas mediante la omnipresencia (Hech.17: 28).

Es decir que, contrariamente a lo que creen muchos cristianos, no sólo el Padre y el Hijo son verdaderas personas, sino también el que se hizo Espíritu. EGW escribió: "Necesitamos comprender que **el Espíritu Santo, que es tanto una persona como Dios es persona**, está caminando por estos terrenos".[1]

Pero, ¿no hay una contradicción, cuando la Revelación emplea el vocablo "persona" como un ser que se presenta físicamente, y al mismo tiempo afirma que el **Espíritu** Santo es una "persona"? Si los ángeles y el Espíritu Santo no se ven, no deberían ser llamadas personas. Pero la misma Palabra de Dios nos da la explicación: Dios dio a sus ángeles la facultad de hacerse "espíritus" y "llama de fuego" (Heb. 1:7; Sal. 104:4), pues la materia es energía, como ya lo decía Einstein en 1905. Y como los ángeles saben manejar la energía, pueden transfigurarse, tomando toda clase de formas visibles o no (2Cor. 11:13). Pero tienen su cuerpo que es más hermoso y glorioso que la que tuvieron Adán y Eva (Ezequiel 28:12).

Es evidente que la influencia de Platón se ha metido tanto en nuestro ambiente cristiano, que nos cuesta creer algunas verdades. Por eso hay muchos creyentes que todavía creen que no moraremos en el cielo con un cuerpo transformado (Filipenses 3:20,21); o "que Dios tenga una figura corporal, cayendo de esta manera en el antropormofismo".[2] Pero la Biblia nos dice claramente que Adán fue hecho "a imagen **de Dios**" (Gén. 1:27), Es decir con figura

---

[1] ——, *Manuscritos,* 66, 1899, en *PDV,* p. 37.

[2] M. Vicuña Arrieta, "El Hombre, imagen de Dios", *El Ministerio Adventista (MAd),* (Bs. As.: ACES, 1976), marzo-abril, p. 20.

teomorfa, no antropomorfa. El pecado y la ley de la entropía se encargaron de degenerar la creación divina.

En el trono celestial, Jesucristo es "el resplandor" de la gloria del Padre, pues el Padre es el único de la Trinidad que siempre mantuvo la divinidad visible, en toda su plenitud original (Hebreos 1:3), debido a que en el plan establecido en la eternidad, él ocupa la obra de Juez de todos (Hebreos 12:23). Y esa gloria es superior a la del sol, que allá es "siete veces mayor" en luminosidad que nuestro sol al mediodía (Isaías 30:26). Pero cuando los redimidos se acerquen cada sábado para adorar a la deidad (Isaías 66:23), no quedarán encandilados porque, previendo esto, la sala del trono celestial está sobre un edificio en forma de "torre", muy por encima de la ciudad de adoración (Miqueas 4:7,8; Apocalipsis 21:16).

En cambio Jesús, que ahora "en él habita corporalmente toda la plenitud de la Deidad" (Colocenses 2:9), mantendrá el "cuerpo de la gloria suya" con la humanidad glorificada (Filipenses 3:20,21). Por eso podrá, entonces, descender del trono para estar con los salvados sin encandilarlos (lamentablemente por mostrar menos gloria, muchos creen que es un dios menor.

En resumen:

1° Como fue en el Edén, antes del pecado, en la "tierra" celestial (Isaías 5:13) veremos a Dios cara a cara con su imagen física gloriosa, y al Señor Jesúcristo en el "cuerpo de la gloria suya". Pero no será así con la tercera persona divina, debido a que "en él vivimos nos movemos y somos" (Hechos 17:28). Sin su vida prestada, y su obra en nosotros mediante su omnipresencia, dejaríamos de existir al instante.

2.° Si Dios es corporal, no significa que es de carne y huesos como nosotros. Por eso el Hijo tuvo que encarnarse para nacer como Hijo del Hombre. Dios es corporal. Es decir, que no tiene una imagen etérea, como se dice desde Tertuliano. Pero su sustancia contiene elementos que no hay en nuestro planeta; y el pecador no puede ver su rostro sin morir.

3.° En el "trío celestial" las tres persona divinas no son una, sino unidas en acción y propósitos. Son tres personas verdaderas y por eso son corporales (salvo el Espíritu que está espiritualizado. Ya volveremos a esto). Pero, si son tres cuerpos divinos, no son tres sustancias, pues tienen la misma naturaleza divina.

4.° Esto invalida la creencia patrística del cristianismo que fue confirmada por todos los concilios de la iglesia de Roma; es decir que la "sustancia" (*hypóstasis*) de Dios se estaría refiriendo a su Ser y no a la naturaleza de su ser; pues argumentan que no tiene corporalidad.

¿Por qué la Biblia dice que Dios es espíritu?

La Biblia dice que "Dios es espíritu" (Jn. 4:24) y es "invisible"(Col. 1:15). Por eso afirma que "ninguno de los hombres ha visto ni puede ver" a Dios (1 Tim. 6:16; Juan 1:18). ¿No contradice lo que señalamos en la Biblia? Examinemos estos pasajes:

En Juan 4:24 dice que "Dios es espíritu" (*pneuma*), y el hombre debe adorarlo de la misma manera (*pneuma*). Pero, ¿puede el hombre espiritualizar su naturaleza para adorar a Dios? Sólo puede hacerlo en el sentido espiritual que le daban los profetas en los días de

Cristo, de acuerdo a lo que conocían de 1 Crónicas 16:29 y de Salmos 29:2. Allí dice que debemos adorar a Dios "en la hermosura de **la santidad**". Es decir con **mente** espiritual o santa, no con el cuerpo espiritualizado.

Por eso a los santos que debemos imitar, Pablo les llamaba "espíritus" (*pneuma*: Hebreos 12:9). Para ser santos, nosotros debemos matar el "cuerpo" y vivir en "espíritu" (*pneuma*) (Romanos 8:9,10; Filipenses 3:3); pues Cristo también es "**espíritu** vivificante" (1 Corintios 15:45). Así que "el que se une al Señor, **un espíritu** *(pneuma)* **es con él**" (1 Corintios 6:17).

Entonces nos preguntamos: ¿con qué autoridad se está interpretando el primer "espíritu" de Juan 4:24 en sentido literal, de ser incorpóreo, y el segundo *pneuma* en sentido de santidad? La Biblia no nos permite hacer esto, porque dice que "**un** espíritu es **con él** [no dos distintos], en la hermosura de la santidad". Por lo tanto, la expresión paulina: "un espíritu es con él", quiere decir que el que adora a Dios "una santidad es con él". La única persona de la Trinidad que es llamada "espíritu", porque es una "persona como el Padre" pero se presenta de esta manera, es el "**Espíritu** Santo".

En Colosences 1:15 y 1 Timoteo 6:16, Pablo dice que Dios es "invisible". Pero en Hebreos 11:27, él mismo aclara que el Invisible se puede ver. De hecho, Moisés, de quien viene hablando el apóstol (11:24), fue el único que pudo ver al Señor de "espaldas", cuando retiró su mano de la hendidura de la peña (Éxo. 33:22,23). Ya sabemos que fue Cristo, quien habló con Moisés cara a cara, pero detrás de la nube (1 Cor. 10:4); y fue antes de encarnarse, estando en su gloria, cuando le dijo que podría ver directamente "la apariencia de Jehová" (Núm. 12:8), aunque no su "rostro" (Éxo. 33:20). Por lo tanto, Cristo no se encarnó porque era incorpóreo, como se cree desde los cristianos helenistas, sino porque tomó nuestra naturaleza.

En 1 Juan 4:12 dice que "nadie ha visto jamás a Dios" cara a cara. Pero Juan dice que se refiere al Padre (Juan 1:18). Así que si Dios es invisible para el pecador, también lo tiene que ser ahora Cristo en "el cuerpo de la gloria suya" (Fil. 3:21). Pero Jesús se presentó en la naturaleza humana. Sólo el Espíritu Santo tuvo que venir en forma invisible para la vista humana. EGW lo dice así: "**Estorbado por la humanidad Cristo no podía estar en cada lugar personalmente**, por lo tanto para ventaja de ellos [los discípulos] él debía abandonarlos para ir a Su Padre y enviar al Espíritu Santo **para ser su sucesor en la tierra**".[1]

TAMBIÉN VEREMOS AL PADRE

Aunque la Deidad es invisible para los ojos de los hombres, desde el día en que los redimidos sean transformados a la semejanza de su Creador, todos "verán su rostro, y su

[1] White, *DTG*, pp. 522, 623.

nombre estará en sus frentes" (Apoc. 22:4). Por eso, el Señor Jesús dijo: "Bienaventurados los de limpio corazón porque ellos **verán a Dios**" (Mat. 5:8).

A pesar de toda esta revelación, hay entre nosotros teólogos que insisten en sostener que en la Deidad hay un solo individuo, y la pluralidad de personas divinas lo es sólo en apariencia. También la Iglesia de Roma insiste que "en Dios no se da ninguna clase de composición: ni de sustancia y accidente, ni de esencia y existencia, ni de naturaleza y persona, ni de potencia y acto".[1] ¿No es esta una de las causas por qué la profecía bíblica presenta a la iglesia de Roma con las características principales del "leopardo" griego y su influencia platónica (Daniel 7:6; Apocalipsis13: 2)? Fue justamente por los cristianos helenistas del gnosticismo, que se construyeron los cimientos de la oscura y misteriosa doctrina de la Divinidad. Los Padres Apostólicos sólo trataron de contrarrestar las enseñanzas de Dios que eran judaicas, pero no prestaron tanta atención en las que eran helénicas.

Sin embargo todavía muchos exégetas se preguntan por qué los profetas vieron en las visiones de la tierra nueva sólo a dos personas. Si la tercera persona de la Deidad tiene que obrar en Espíritu, a fin de atender las necesidades de tantos redimidos, ¿por qué en la eternidad sólo veremos al Padre y al Hijo?

Cristo siempre es accesible a todos mediante la persona del Espíritu Santo. Lo fue desde la creación, cuando el Omnipotente Hijo sopló la vida al primer hombre: "El Espíritu de Dios me hizo [por dentro de la imagen que hizo el Omnipotente Creador], y el soplo del Omnipotente me dio vida" (Job 33:4). Cristo negó que el Padre ejerza su poder de la omnipresencia (Mat. 5:16,45,48; 6:1,32,etc.). Y también indicó que él mismo necesitaba la del Espíritu Santo para realizar su obra en la tierra (Mat. 4:1; 12:28; Luc.4:1,18, etc.); y la sigue necesitando ahora que está sentado en el trono con el "cuerpo de la gloria suya" (Fil. 3:21).

De su naturaleza de "Hijo de Hombre", queda la memoria de todo lo que grabó en su mente. Y de su cuerpo "**sólo queda un recuerdo**: nuestro Redentor llevará siempre **las señales de su crucifixión**".[2] Pero, a pesar que en esa "humanidad". en su divinidad sólo se ven en su cuerpo de "gloria" (Fil. 3:21) esas marcas de la cruz glorificadas (Zac. 13:6; Hab. 3:4), todavía Cristo necesita del Espíritu santo para ser accesible a todos (Juan. 14:16, 19, 26; 15:26; 16:7,8,16, etc.).

Esto nos lleva a pensar que lo que le estorbaba a Cristo para usar su poder de omnipresencia, no era sólo el cuerpo que tuvo en esta tierra. Jesús pudo espiritualizarse para esconderse de sus perseguidores (Juan. 8:59); transfigurase antes de morir (Mat. 17:2); presentarse delante de sus discípulos y desaparecer (Luc. 24:31); y después atravesar puertas y paredes y aparecer ante ellos (Juan. 20:19,20). Pero siempre fue su presencia, no la omnipresencia. También es sólo su presencia ahora, en su "cuerpo" de gloria; es decir, en "la plenitud de su divinidad **corporalmente",** como el Padre. Por esa razón el Padre, que su divinidad corporal no está vestida de humanidad, se presentó muy pocas veces en esta tierra. Es, pues,

---

[1] Lutwig Ott, *Manual de Teología Dogmática,* (Barcelona: Edit. Herder, 1969), pp. 70,71.
[2] White, *CS,* p. 732.

evidente que para poder ejercer la omnipresencia, es necesario despojarse de todo cuerpo, sea humano o divino.

El Padre no deja de ser Dios verdadero porque no ejerza su poder de omnipresencia. Ni él, ni el Espíritu son menores que el Hijo, porque no son nuestros mediadores y perdonan nuestros pecados (1 Timoteo 2:5). Cada persona divina ha asumido la responsabilidad de ejercer una parte de los atributos divinos para la salvación del hombre. Este fue el plan en la eternidad. Y como la tarea de estar en toda la creación y en cada uno de nosotros, fue encomendada **sólo** a la tercera persona de la Deidad; y como "en él vivimos, y nos movemos, y somos" (Hechos 17:28), es necesario que esto sea para siempre, de lo contrario no podríamos vivir eternamente. Por eso los profetas no vieron al Espíritu de Dios en **persona** en la tierra renovada.

Pero, si Cristo no puede ejercer la omnipresencia por su corporalidad con los recuerdos de la humanidad, ¿por qué en Lucas 3:22 leemos: "Y descendió el Espíritu Santo sobre él en **forma corporal** (*somatikós*), como paloma"? Porque Cristo y el Padre muestran su divinidad corporalmente según su naturaleza —por un tiempo, Cristo con su naturaleza humana degenerada, y ahora con el "cuerpo de la gloria suya"—. Pero esa corporalidad semejante a una paloma del Espíritu Santo, no fue la presencia de "**otro** Consolador", o un segundo Espíritu Santo, sino una manifestación de **omnipresencia**; en este caso visible, de **él mismo**. Por eso, Lucas enfatiza: "Y descendió **el Espíritu Santo**" —no dice un espíritu del Espíritu Santo, sino su misma persona divina manifestada en forma de paloma.

Esa "paloma" tampoco fue una encarnación de la tercera persona de la Deidad; ni es esa la forma de su naturaleza. Recordemos que el Espíritu es una verdadera "persona" como lo es el Padre; y de la misma naturaleza. Según leemos en Génesis 1:2, 26, él estuvo presente en la creación cuando el Padre dijo: "hagamos a **nuestra imagen**". Cristo lo señaló como "**otro**" Consolador (*parácletos*) (Juan 14:26). Dijo "otro" porque él también es un *parácletos* (1 Juan 2:1).

Entonces, de acuerdo a lo que hemos considerado, aquí se nos revelan seis puntos importantes:

1° Las tres personas divinas no ejercen la omnipresencia, a menos que se liberen de su corporalidad como naturaleza —divina en el Padre, y divino-humana en el Hijo—. Esta tarea se la ha encomendado al **Espíritu** Santo; es decir al único de la Deidad que siendo "persona" se ha espiritualizado y al único que se le llama "Espíritu".

2° Puesto que ese poder sólo lo ejerce la tercera persona, Dios no es tres personas por medio de la omnipresencia, según sostiene una posición. Tampoco es una Biunidad por omnipresencia, pues entonces Dios sería verdaderamente una sola persona bíblica en un número infinito de omnipresencias, entre las cuales dos o tres formarían la Deidad.

3° El "trío celestial" es invisible. Pero no porque es incorpóreo, sino porque el hombre no puede verlo en pecado en la gloria real.

4° Siendo consustanciales, las tres "personas" de la Deidad son verdaderas, es decir que tienen la "imagen misma de su sustancia" en la "plenitud de la divinidad corporalmente".

5° Según nos dicen las visiones de los profetas, la tercera persona de la Deidad no será vista en la eternidad con la plenitud de la divinidad corporalmente, más que en algunas apariciones breves -como ocurrió ante Ezequiel- para poder sostener toda la creación.

6° El hecho de que ahora las tres personas divinas no ejerzan todos sus atributos, no es prueba de que no son Dios verdadero, sino que en la Divinidad hay organización económica inteligente; orden y respeto en una perfecta "unidad".

NUEVAS INVESTIGACIONES ACERCA DEL ESPÍRITU SANTO

La importancia que la Biblia le da al Espíritu Santo:

En la Biblia hay una larga lista de pasajes, donde "Espíritu" hace referencia a la tercera persona de la Deidad y su obra en la mente humana de manera inteligente, lo que ya nos ayuda a entender que no se trata de una simple fuerza física impersonal derivada de Dios: (Génesis 1:2; 41:38; Éxodo 31:3; 35:31; Números 11:25,29; 24:2; 27:18; Jueces 6:34; 13:25; 14:6;14:19; 15:14; 1 Samuel 10:6,10; 11:6; 16:13,14; 19:20,23; 19:20,23; 1 Rey. 18:12; 2 Reyes 2:9,15; Salmos 51:11; Isaías 32:15; 42:1; 44:3; 48:16; Ezequiel 3:12,14; 36:27; 37:9; Joel 2:29 Zacarías 4:6; Mateo 3:11; Marcos 1:8,10,12; Lucas 3:22; 4:8,14; 12:10,12; Juan 15:26; 16:13; 20:22; Hechos 1:16; Hechos 2:18, 38; 4:31; 5:3,32; 6:10; 8:29,39; 10:1910:19; 11:12;13:2 15:28; 16:7; 19:2,6; 20:25,28; 28:25; Romanos 8:16; Apocalipsis 2:7,11,17,29; 3:6,13; 14:13; 22:17.

Esta larga lista, más las que se añade a continuación, nos dice que los que sostienen que el Espíritu Santo es el mismo Jesús que vino espiritualizado luego de su ascensión, ignoran su presencia y su obra en nuestro planeta cuatro milenios antes.

Estuvo presente y realizó su obra a la par de Jesús como Creador, en la terminación de los detalles y el acabado estético (Job 26:13; Isaías 34:16). Y hoy continúa ofreciendo sus dones a los que los piden, pues es una de sus especialidades en la unión organizada de la Deidad (1 Corintios 12:4-6). Por eso Salomón habla de "Creadores" (*Bore-aka*: Eclesiastés 12:1). Y por eso Moisés escribió fielmente lo que oyó de Dios Padre en la visión de la creación: "Hagamos al hombre a nuestra imagen, conforme a nuestra semejanza" (Génesis 1:26).[1]

Las claras evidencias bíblicas de ser una persona y no un poder impersonal:

[1] Los judíos y algunos cristianos sostienen que Dios el Padre estaba pidiendo colaboración a los ángeles, y no a Jesús y al Espíritu. Pero ni los ángeles ni ninguna criatura tienen la capacidad de crear y dar vida. Hasta los científicos ateos hoy reconocen que la abiogénesis o la formación de la vida a partir de la no vida es imposible. De hecho, le dan estas posibilidades en contra: 10 elevado a la 40.000 potencia. Para que tenga una idea, el universo conocido llega a 10 a la 56 potencia; y ningún de los científicos que probaron miles y miles de veces durante siglo y medio, logró siquiera una proteína con todas sus terminaciones de enlace a la izquierda, como requiere la vida.

En algunos casos el Espíritu ha obrado inteligentemente con los nervios y músculos de la lengua y la boca de algunos profetas, llevándoles a decir lo que quiere (2 Samuel 23:2). Esto requiere un conocimiento mayor a lo que hasta ahora pudo hacer la ciencia humana, pues se trata no sólo de hacer mover la lengua, sino también de introducir nueva información cerebral para poder decir algo coherente, como hablar en otros idiomas y en el momento (Hechos 2:17).

Ya vimos que en la creación del universo colaboró con el Hijo de Dios (Ecle. 12:1). Por ejemplo, cuando la segunda persona de la Deidad creaba el universo (Juan 1:1-3; Col. 1:16; Heb, 1:2), el Espíritu adornaba los cielos para que fuera atrayente e impresionante ante nuestra mirada (Job. 26:13; Gén. 1:2). Jesús daba la orden y se formaban las cosas donde no había nada. Entonces el Espíritu lo organizaba todo con sabiduría (Isaías 34:16). Y cuando Jesús amonestó a la serpiente (que era una ave dorada y Dios la maldijo degradándola en serpiente: Gén. 3:14)[1], fue el Espíritu el que la degradó (*kjalal*) para que se arrastrara sobre la tierra (Job 26:13). Esto tampoco puede hacer un hombre de ciencia; y menos una energía.

Moisés en Job nos da más información, pues momentos ante que el soplo de vida del Omnipotente llegara a esa imagen de arcilla roja, que Jesús había formado en el Edén, el Espíritu la convirtió por dentro en millones de células especializadas y órganos humanos, para que ese soplo viviente de Cristo pudiera dar vida a Adán, y no a una imagen humana de arcilla (Job 33:4). Lo pudo hacer tan rápido por su capacidad de la omnipresencia (Sería como si en lugar de hacerlo una persona, lo hicieran miles de millones a la vez: Salmos 104:30; 139:7).

Recordemos que el soplo de vida que recibimos y vuelve a Dios en la muerte (Ecle. 11:7) no es Dios, sino una energía de vida suya. No confundamos la enseñanza bíblica con el panteísmo: Nuestra vida no es el Creador sino su energía. Por eso el rey David aclaró acerca de esta obra del Espíritu: "Tú formaste mis entrañas, me hiciste antes de nacer… tejido en lo más profundo de la tierra" (Sal. 139:13-15).[2]

Se refiere a toda la humanidad desde Adán al ser formado de la tierra. "Porque en él vivimos, y nos movemos, y somos" (Hechos 17:28). Pero con una aclaración: Cada hijo humano que nace, no es una creación especial del Espíritu Santo, como creían los religiosos fijistas, y Darwin tuvo que mostrarles el error (lamentablemente después él también se equivocó en su teoría). Dios no crea humanos degenerados por seis mil años de pecado, sino que él es el que mantiene la vida humana de acuerdo a las leyes biológicas que Dios ha establecido. Somos nosotros los que malogramos la creación divina, y transmitimos el pecado a nuestros hijos junto con la vida recibida de nuestros padres, y la compartimos a los hijos. Esto es transmisión, no creación de vida física. Y lo cumplimos según la ley de la entropía, donde cada generación agrega más defectos físicos.

---

[1] White, *PP*, p. 36.

[2] Este capítulo habla del David mesiánico, es decir de Jesús, nacido como descendiente de David, pero también de la raza humana a partir de Adán, cuando el Espíritu trabajó dentro de esa tierra roja para formar todos sur órganos. Por eso Cristo se llamaba "Hijo del Hombre".

Pero cabe destacar que en su coordinada obra de creación con Cristo, por momentos el Espíritu dio vida junto con el Dador de la vida: "Envías tu Espíritu, son creados, y renuevas la faz de la tierra" (Salmos 104:30. Ver Ezequiel 37:9). Gracias a la omnipresencia que posee el Espíritu al no presentarse físicamente, mientras Jesús está en el Trono con el Padre, aquí en la tierra "en Él vivimos, y nos movemos, y somos" (Hechos 17:28). Si el Espíritu fuera una energía física no podría dar vida, porque una energía física no tiene vida propia, ni la capacidad científica de dar la vida, que por siglo y medio trataron inútilmente de formar los mejores científicos del mundo.

Estamos viendo que el Espíritu es más que una energía divina. Es una inteligencia superior a la del ser humano, al punto de crear vida inteligente. También guía y conduce a personas a ciertos lugares determinados con un propósito definido (1 Reyes 18:12; Ezequiel 37:1; Mateo 4:1; Lucas 4:1), y enseña (Lucas 12:12).

Él nos habla en la mente aunque no escuchemos su voz (Ezequiel 2:2). Reveló verdades divinas a los profetas (2 Pedro 1:21), y habló por medio de ellos (Mateo 10:20); Tiene sentimientos y se entristece (Efesios 4:30), y hasta lo podemos hacer enojar santamente (Isaías 63:10). Da órdenes y prohíbe cosas (Hechos 16:6); e intercede por nosotros mediante la obra de Cristo ante el Padre (Romanos 8:26). Profetizó, siendo que la presciencia es un don que viene del poder divino (Lucas 2:26; 1 Pedro 1:2). Tradujo del hebreo y el arameo a otros idiomas (Hechos 2:6-12); y también tomó la figura aparente de una paloma que se posó sobre Jesús (Mateo 3:16).

Sabemos que una célula viviente tiene mucha información; y se asemeja a las actividades de una ciudad, con medios de comunicación, transporte y vigilancia, primeros auxilios, aduana, sanidad, higiene, etc. Sin embargo, en la punta de un alfiler pueden caber decenas de ellas. ¿No podría Dios Padre comunicarse y actuar en nosotros con una micro-computadora tan pequeña que no la veamos, y estar comunicada con control remoto a su persona? En la Biblia "espíritu" es todo lo que no vemos: Viento, santidad, ángeles, demonios, entendimiento, etc. ¿No podría llamarse "Espíritu Santo" porque no lo vemos, sin embargo Dios lo maneja a control remoto?

No, porque posee características de una persona independiente. Por eso Isaías pregunta: "¿Quién enseñó al Espíritu de Jehová, o le aconsejó enseñándole?" (Isaías 40:13). Si fuera un tele-robot del Padre o del Hijo, esta pregunta no tendría sentido, pues no se la podría enseñar ni aconsejar por ser inconsciente. Se la podría cargar con información y nada más.

Además, la siguiente información que da el apóstol Pablo termina con toda duda: "Pero Dios nos las reveló a nosotros por el Espíritu; porque **el Espíritu todo lo escudriña, aun lo profundo de Dios**" (1 Corintios 2:10).

Sólo Dios puede tener la capacidad divina de conocer los pensamientos más profundos de la Deidad. Para una máquina o un ser creado, esta capacidad sería imposible. Por lo tanto, queda claro que el Espíritu Santo es Dios como el Padre y el Hijo.

Para que Jesús pudiera ser fiel Pontífice de los arrepentidos, no debía emplear sus poderes divinos. Por eso sus milagros debían ser realizados con el mismo poder del cielo que obra en nosotros (Lucas 4:18). Y entendemos muy bien que una fuerza impersonal no tiene la capacidad de multiplicar peces y panes o sanar enfermedades; y menos resucitar muertos, como lo hizo Jesús mediante el Espíritu (Juan 11:39-44).

Joel profetizó: "Y después de esto derramaré mi Espíritu sobre toda carne, y profetizarán vuestros hijos y vuestras hijas; vuestros ancianos soñarán sueños, y vuestros jóvenes verán visiones (Joel 2:28). Nuevamente obra con poderes que sólo posee Dios, pues vimos que sólo la Deidad posee la capacidad de la "presciencia" (1 Ped. 1:2).

Desde que el Dr. Joseph B. Rhine creó su gabinete universitario de Parapsicología, se comprobó que en sus precogniciones y supuestas videncias, el hombre sólo acierta un porcentaje según el cálculo de probabilidades. Cuando Rhine, escondido detrás de una placa negra, señalaba una de dos cartas de Zener que tenía, la probabilidad de acierto normal debía llegar al 50%. Con cuatro cartas Zener el 25%, etc. Pero cuando Rhine lo experimentaba con médiums espiritistas que se comunican con los espíritus, los aciertos podían llegar cerca del 100%.

En cambio, si Rhine no señalaba ninguna carta, sino que solo las elegía en su mente sin dar alguna señal externa, los aciertos de los medium volvían a ser normales, pues la telepatía realmente no existe sino sólo en Dios (los demonios sólo podían ver las cartas sin ser vistos, pero no saber qué pensaba Rhine para poder revelarlo al medium). Por eso el Espíritu Santo es Dios. Y por eso gracias a él, los ángeles de Dios pueden saber lo que pensamos, pero no los demonios, pues no están comunicados con el Espíritu de Dios. Y esto es lo que sucedió en el estudio del Dr. Rhine.

Estando Jesús en nuestra naturaleza humana, dijo que tenía a su favor un poder inteligente que lo ayudaba para vencer al astuto Satanás: "Yo por el Espíritu de Dios echo fuera los demonios" (Mateo 12:28). Y como el Espíritu es Dios, y por lo tanto no se trata de una simple fuerza física, ni ningún tecnicismo enviado del Padre, agregó que "al que hable contra el Espíritu Santo, no le será perdonado, ni en este siglo ni en el venidero" (Mateo 12:32; Marcos 3:29).

En la encarnación de Jesús, fue el Santo Espíritu junto con el Padre, quienes prepararon la parte masculina del Hijo de Dios (Heb. 10:5); y el Espíritu la introdujo en un óvulo de María (Lucas 1:35). Así Jesús fue concebido por el "Espíritu" (Mateo 1:18; 3:11; Juan 14:16). Jesús mismo podría haberlo hecho, pero para que nadie pensara que preparaba las cosas según su conveniencia, permitió que lo hiciera otra persona divina.

Y si el profeta Isaías anunció que a su debido tiempo Jesús sería enviado por "Jehová el Señor, y su Espíritu" (Isaías 48:16), esto nos hace entender que antes que Jesús anunciara que desde su ascensión él y el Padre enviarían al Espíritu (Juan 14:16), también el Hijo ya había sido enviado por el Espíritu y su Padre para ayudar al pueblo hebreo. Por lo tanto, una persona divina que envía, y la otra que es enviada, tienen la misma autoridad divina. De hecho, Moisés nos adelanta que tanto el Ser celestial que envió a Jehová al pueblo hebreo, como el que fue enviado por él, los dos son Jehová (mejor dicho Yahweh), es decir Dios verdadero y eterno (Éxo. 3:13-16).

"Y si el Espíritu de aquel que levantó de los muertos a Jesús mora en vosotros, el que levantó de los muertos a Cristo Jesús vivificará [*zoopoléo:* dar vida] también vuestros cuerpos mortales **por su Espíritu**" (Romanos 8:11). Note que Pablo no dice que el Espíritu resucitó a Emanuel (Dios con nosotros, que es eterno), sino que lo levantó (*egéiro*: despertar) despertando su divinidad que estaba dormida, porque ésta no debía actuar mientras Jesús estaba como Hijo del Hombre, y así poder darnos ejemplo a nuestra altura. Entonces cuando Emanuel fue despertado por el Espíritu, Jesús mismo resucitó su cuerpo humano muerto (Juan 10:17).

Por este poder divino de resurrección es que en 2 Corintios 3:17 leemos: "Porque **el Señor es el Espíritu**; y donde está **el espíritu del Señor**, allí hay libertad".

Aquí se nos confirma que el Espíritu Santo no sólo es una persona, sino que además es una persona divina. En el griego dice textualmente: "El Señor, el Espíritu es" (*dè Kúrios tò Pneuma èstin*). Así que cada vez que en la Biblia leemos: "Espíritu de Dios", "Espíritu de Jehová" y "Espíritu del Señor", no se trata de una fuerza invisible derivada de Dios, sino que **es Señor** como el Padre y como el Hijo**;** una persona divina espiritualizada, enviada por otro Señor o Jehová, como también fue enviado Jesús (Éxodo 3:14-16).

Cierto día Jesús tradujo "Jehová" (o "Yahweh") como el "Señor" del Nuevo Testamento (Salmos 110:1; Mateo 22:43,44), con el fin de destacar que tanto el Padre como el Hijo tienen los mismos atributos de ser "Señor". Y Pedro agrega que también el "Espíritu Santo" es "Dios" (Hechos 5:3,4). Por lo tanto, todas las veces que leemos "Espíritu de Jehová" (Jueces 6:34; 11:29; 13:25; 14:6,19; 15:14; 1 Samuel 10:6,13; 16:14, etc.) y Espíritu del Señor" (Lucas 4:18; Hechos 5:9; 8:39; 2 Corintios 3:17,18), se refiere al Jehová (Yahweh) que se mantiene en espíritu para poder hacer su obra de omnipresencia. También se le llama "Señor" en Espíritu, y "Dios" en Espíritu, como también son divinos el Padre y el Hijo.

Ahora volvamos al Génesis y leamos el capítulo 1, versos 26 y 27. Aquí tenemos a Dios Padre que da una orden. No la da porque es mayor y engendró literalmente a Jesús antes de la creación del mundo, pues vimos que ninguno de los tres es Dios antes que los otros dos (Isaías 43:10,11)[1], sino que esta orden es por un "pacto eterno" donde uno de los tres sería "Hijo" y "Cordero inmolado", en un futuro posterior al reino de David; y la tercera persona iba a mantener toda la vida terrestre en Espíritu. Por eso, en el Antiguo Testamento, siempre el nacimiento del Hijo está en tiempo futuro al reinado de David (2 Samuel 7:13,14;1 Crónicas 17:13,14; Salmos 2:7: "publicaré el decreto"; 89:3,4,26-29; Hechos 13:33,34). Y Dios Padre dijo: "Hagamos al hombre a **nuestra imagen**, conforme a **nuestra semejanza**" (Génesis 1:26).

Vimos que Dios Padre dirige todo. Jesús es el Creador que da las órdenes, mientras de su boca sale su "aliento" de energía creadora que forma los mundos y la vida (Salmos

[1] En algunas versiones bíblicas Dios está en minúscula. Pero esto es un error, pues todos los dioses en minúscula fueron hechos después de Dios. Y el profeta dice que no hubo antes de él ni habrá después, porque las tres personas divinas son únicas y eternas.

33:6).[1] Y no olvidemos que cuando el Padre dijo "hagamos al hombre a nuestra imagen", el Espíritu también estaba presente moviéndose (*rakjáf*) sobre las aguas (Génesis 1:2), completando los detalles y hermoseando todo. Así que en su mandato, "a nuestra imagen" (*tselen*: escultura, imagen) incluía la tercera persona divina, que ya se mostraba sin su imagen para su misión en omnipresencia.

Los ángeles también son llamados "espíritus ministradores" (Hebreos 1:14), sin embargo en el cielo se muestran con "hermosura física".[2] Por lo tanto, si la tercera persona divina no se presenta con su imagen, no es prueba que no la posee. ¿Qué dice la Revelación? El profeta Ezequiel es uno de los dos escritores bíblicos que nos confirman esta verdad incomprendida:

"Miré y he aquí una figura [*demut*: imagen, forma, figura] que **parecía de hombre** ["a nuestra semejanza"]; desde los lomos para abajo fuego; y desde sus lomos para arriba parecía resplandor, el aspecto de bronce refulgente. Y **aquella figura** [*tabnit*, parecido, imagen, modelo] extendió la mano, y me tomó por las guedejas de mi cabeza; y **el Espíritu** me alzó entre el cielo y la tierra, y me llevó en visiones de Dios a Jerusalén, a la entrada de la puerta de adentro que mira hacia **el norte**, donde estaba la habitación de la imagen del celo, la que provoca a celos (Ezequiel 8:3).

Según la ubicación que Dios pidió para el santuario, el lado derecho del Padre corresponde al lado sur del trono celestial; y su lado izquierdo (1 Reyes 22:19)[3] o "norte" al que corresponde a la tercera persona divina. Y este era el lugar que Lucifer, como principal querubín, quería sentarse para ser parte del Concilio celestial: "En el monte ["trono alto y sublime"] del testimonio me sentaré, a los lados del norte" (Isaías 14:13). Pero Dios se lo impidió, y por lo tanto era el lugar que provocaba un celo santo para cuidarlo, pues Lucifer no veía al Espíritu; y es por eso que probablemente no sabía que había una tercera persona.[4]

---

[1] Recordemos que Dios es eterno porque es la energía eterna de la primera ley de la termodinámica. Es decir una energía que no se crea ni se destruye, sino que se transforma en materia. Por esta ley física es que los ateos se equivocan al pretender formar el universo partiendo de la "nada absoluta", como por un tiempo afirmaba el físico Stephen Hawking para desligarse de Dios. Después cambió el Big Bang por la teoría de un universo sin principio por gravitación cuántica en expansión, para no necesitar de un Creador. Pero no se dio cuenta que un universo eterno en expansión, hoy no existiría por falta de hidrógeno, ni tampoco tendríamos un solo sistema solar por causa de esa eterna expansión, sino astros aislados bajo hielo.

[2] ———, *Cada día con Dios (CDCD)*, (Buenos Aires: ACES, 1979), 29 de abril. Recuerde que en la Biblia "espíritu" es todo lo que aquí no vemos.

[3] Generalmente los teólogos interpretan la ubicación de la Deidad en sentido figurado, pues creen que Dios, igualmente que los redimidos en el cielo, no tienen "imagen" visible o física, negando Fil. 3:20,21; y por lo tanto las tres personas podrían sentarse figuradamente en el mismo asiento del trono.

[4] También los ángeles obran entre nosotros como "espíritus administradores" (Heb. 1:14). Sin embargo, en el cielo se muestran con su "hermosura física" (*CDCD*, p. 126). Cuando los ángeles suben de la calle de la ciudad a la sala del trono "alto y sublime", no lo hacen subiendo por una escalera, sino sobre una nube de ángeles en un vuelo vertical ("*way upward*"), como un ascensor (———, *Day-Star*, 24-1-1846, p. 31). Isaías 14:14, no se refiere al deseo de Satanás de subir sobre las nubes que envuelven a nuestro planeta, pues él lo puede hacer con el menor esfuerzo. Además, no se iba a igualar a Dios por subir nuestra atmósfera. Si Lucifer también fue llevado a la sala del trono por esa nube de ángeles, éste podría haber sido otro motivo que él usó para desarrollar el placer pecaminoso, semejante al que mostraron los reyes y los papas cada vez que fueron llevados en andas.

El segundo profeta que describe la figura gloriosa de Espíritu, es Pedro: "Si sois vituperados por el nombre de Cristo, sois bienaventurados, porque **el glorioso Espíritu** de Dios reposa sobre vosotros" (1 Pedro 4:14). En el griego "glorioso" (dóxes, de dóxa) está en genitivo singular. Por lo tanto, una traducción más fiel sería "de gloria". Es decir, que Pedro se refiere al Espíritu "de gloria" que está velada.

"Todo hijo de Dios leal tratará de conocer la verdad. Juan declaró la verdad tan claramente como para que un niño pudiera entenderla. 'Si me amáis, guardad mis mandamientos; y yo rogaré al Padre, y os dará **otro Consolador**, para que esté con vosotros para siempre: al **Espíritu** de verdad, al cual el mundo no puede recibir, porque no le ve, ni le conoce'. ¿Escogemos ser clasificados entre aquellos que no disciernen la verdad, que están tan cegados por el poder engañoso del enemigo que sus ojos **no ven a Aquel que es la expresa imagen de la persona del Padre**?"[1]

Una invitación del Espíritu:

Por eso la Biblia nos dice: "El que tiene oído, oiga lo que el Espíritu dice a las iglesias" (Apocalipsis 3:13). "Y el Espíritu y la Esposa [la iglesia de Dios] dicen: Ven" (22:17). Aceptemos su llamado que hace "con gemidos indecibles" (Romanos 8:26).

¿SON TRES SERES DIVINOS?

El significado que hoy se le da a "ser", no es siempre el mismo que la Biblia emplea para referirse a Dios. Por eso muchos no creen en tres "seres" divinos porque argumentan que si fuera cierto, Dios dejaría de ser "una substancia" o "una naturaleza". Pero la palabra griega *hypóstasis* aparece 5 veces en el N.T.; y nunca significa "ser". ¿Por qué creen que si fueran tres individuos no podrían tener la misma substancia? Porque la mayoría de la denominaciones cristianas se ha dejado seducir por el cristianismo griego, de que la "substancia" divina es etérea, y por lo tanto es el "ser" o la "existencia" de Dios.[2] Pero en el mundo somos 8.000 millones de seres humanos, sin embargo todos tenemos la misma substancia humana. ¿Entonces somos un solo ser por poseer la misma substancia?

---

[1] ———, *Testimonios para los ministros*, (Bs. As.: ACES, 1961), p. 134. Los arrianos de hoy pueden argumentar que EGW se refiere a la imagen del Hijo de Dios y no la del "Consolador". Pero en este caso tendríamos dos problemas. El primero, un error de redacción, por no aclarar que no se refiere a la persona divina más cercana, sino a la que se referiría al principio de la cita. Y en segundo lugar, nunca, ni entre los arrianos, hubo ceguera para comprender que en el caso de que el Hijo fuera hijo de Dios por engendramiento literal, como sostienen, sería normal que tuviera una "imagen" semejante a la del Padre. Así que no tienen excusa para aceptar aquí la "expresa imagen" del Espíritu de Dios en gloria.

[2] Perujo, *DCE,* 10:244. Los filósofos griegos no se ocuparon del significado de "persona" y "Ser" de la Deidad. Pero los cristianos griegos fueron lo que incluyeron la filosofía griega de existencias divinas incorpóreas, porque para ellos, todo lo material era pecado.

Teniendo el concepto de "imagen" (*tselem*) que encontramos en el A.T., Pablo dijo de Cristo: "El cual, siendo el resplandor de su gloria, y **la imagen misma de su sustancia**" (Heb. 1:3). Aquí, el apóstol compara la "imagen" divina del Hijo con la del Padre, revelando que es la misma que "su sustancia" (*hypóstasis*). Y Pablo está dando énfasis a su apariencia visible en "gloria". Por lo tanto, aquí él se refiere a la "sustancia" divina de lo que constituye principalmente su imagen visible. No olvide esto.

En Juan 10:30 leemos: "Yo y el Padre uno **somos**" (*ésmen*): Primera persona plural de *eimí*; y significa "ser" "existir". Y el Señor nos invita: "Que sean uno, así como nosotros [las personas divinas] somos [*emé,* plural de *egó*] uno" (Juan 17:22). Cristo solo es el "YO SOY"; es un Ser eterno, una Existencia por sí misma (YHWH). Entonces, Jesús nos quiere decir que él y el Padre ya **no** son la única y la misma existencia, sino la unión (el "uno" *'ekjád* del A.T.) de dos "**seres**". Por eso el Señor dijo "**somos**", porque "**no** soy yo **solo** [*monos*]" (Juan 8:16). Más claro es imposible. Y como muchos intérpretes siguen insistiendo que las "personas" divinas son de un Ser, estoy con EGW cuando dijo:

"Al hablar de su preexistencia, Cristo conduce nuestra mente al remoto pasado de una eternidad sin fechas [...] La suya, es una relación **de seres que han estado juntos** desde el principio**".**[1]

"Has nacido para Dios, y estás bajo la aprobación y el poder de **los tres Seres más santos del cielo**, que son capaces de sostenerte para que no caigas".[2]

Si nos referimos a "los tres Seres más santos del cielo", no estamos queriendo rebajar la naturaleza divina a la par de los seres humanos que están allá con cuerpo, desde la ascensión de Cristo (Mateo 27:52; Filipenses 3:20,21); ni los igualamos con los seres angelicales que tienen "hermosura física".[3] El propósito es confirmar el significado de "seres" que le da la Biblia a diferencia del cristianismo platónico.

Aparte de los seres figurados de las visiones proféticas, los "seres" son siempre vidas independientes que poseen "imagen" con "rostro", "forma" y "cuerpo" con "hermosura física". Y los "seres" creados a imagen de Dios, además poseen capacidades mentales y morales con libre albedrío. Como vimos, la Biblia dice que los seres de la Deidad también tienen "rostro", "cintura, "manos" y "espalda" como los seres que creó a su imagen.

Así que, según la Biblia, Dios es tres "**personas"** como nosotros somos **personas** y **seres** físicos. Si no respetamos estas características bíblicas de "ser", caeremos prontamente en filosofías ontológicas que nos alejarán de la verdad, y nos conducirán a toda clase de posiciones acerca de la Deidad. Entre ellas, donde los antitrinitarios podrán buscar apoyo en una tercera "persona" no real, relativa o aparente.

Como sinónimo de "sustancia", la Biblia también emplea el vocablo "naturaleza", del griego *fusis*, de *futeúo*, que es plantar, establecer, dar sustento o principio a una vida o a

---

[1] White, *La Verdad Acerca de los Ángeles (VAA),* (Bs. As.: ACES, 1997), p. 26.

[2] ———, *Manuscript Releases* (1890), 7: 267.2; MR 480, Reconvertion and Repbaptism, pp. 267-68.

[3] *CDCD,* p. 126.

una cosa tanto espiritual como material. Por ejemplo, en Romanos 2:27, Pablo usa esta palabra para la parte física de una persona. Y en Gálatas 4:8 se refiere a los siervos de "los que por **naturaleza** no son **dioses**". Aquí se nos indica que cuando se relacionan las palabras "naturaleza" y "dioses", no siempre se habla de una unidad numérica. Por eso, aunque hubo seres humanos que se llamaron "dioses" (plural), ellos no llegaron a ser dioses por ser humanos con la misma naturaleza. Entonces, ¿por qué se cree que si las tres personas divinas poseen la misma "naturaleza", significa que son un solo ser?

Si la Trinidad fuera un solo Ser, entonces Moisés y Juan serían falsos profetas de Dios, porque dicen que vieron a un Yahweh enviado por otro Yahweh. (Éxodo 3:2, 4,13-15; Juan 17:3).[1] Sabemos que Yahweh o Jehová significa Ser, que existe por sí mismo y es el autor de la vida universal. Y Jesucristo lo confirmó para sí: "Antes que Abrahán fuese, YO SOY" (Juan 8:58). Es decir que un Ser eterno enviado por el Padre, que también es un Ser en sí mismo.

Cuando Jesús dijo: "Porque el Padre tiene vida en sí mismo, así también ha dado al Hijo el tener **vida en sí mismo**" (Juan 5:26), no quiso decir que le fue **dada** la vida eterna —porque ninguna criatura posee "vida en sí misma", sino solo Dios— en cierto momento, sino que le fue dada la "**autoridad**" de sostener esta verdad, a pesar que entonces estaba como Hijo del Hombre. Por esa causa, en el siguiente versículo añadió: "**Y también** [*hutos kaí*: así también] le dio **autoridad** de hacer juicio".

Si cada miembro de la Divinidad es una persona verdadera, porque tiene "imagen" ("Hagamos [...] a nuestra imagen", "siendo en forma de Dios" y con la "apariencia de Jehová", etc.); y además tiene vida en sí mismo, no tiene sentido sostener que el Padre, el Hijo y el Espíritu Santo constituyen un solo Ser. Son tres Seres consustanciales, donde cada uno es "Dios". Y los tres forman una unidad divina compuesta (*ekjád*) que la Biblia le llama *'Elohím*, plural de *'El*, como la unión del matrimonio y la familia (*ekjád*). No tengamos temor de aceptar esta verdad revelada, pues esto no quiere decir que la Biblia apoya al triteísmo. Aceptemos lo que nos viene diciendo la Revelación sin agregarle lo que nos enseñaron los hombres.

ISAÍAS 43:10: TEXTO CLAVE PARA LA DEIDAD DE TRES SERES QUE NO DERIVAN DE NADIE

Si la unidad divina está compuesta de "**tres Seres**", ¿cuál de ellos llegó a la existencia primero? La respuesta es sencilla: ¿Puede alguna de las tres personas **Jehová**, que significa: el que SIEMPRE ES, existir antes o después de las otras dos? Podría ser la persona divina que le llaman "Hijo de Dios" y murió por nuestros pecados?

---

[1] Ibíd., p. 16.

En Isaías 43:10 leemos: "Vosotros sois mis testigos, dice Jehová; y mi siervo que yo escogí, para que me conozcáis y creáis, y entendáis que yo mismo soy; **antes de mí no fue formado Dios, ni lo será después de mí**".

En la versión Biblia de Jerusalén se lee: "Antes de mí no fue formado otro **dios**, ni después de mí la habrá". Y en la versión Nueva Reina-Valera 2000, se lee: "Antes de mí no existió ningún **Dios**, ni habrá otro después de mí". Pero la persona divina que dijo esto añadió: "Yo, yo Jehová, y fuera de mí no hay quien salve" (Isaías 43:11). Se entiende que las tres personas divinas obran a favor de nuestra salvación. Pero sólo una de ellas tiene la autoridad para hacerlo, porque fue el que vino a morir por los pecadores.

1° Como en los textos originales no se hace diferencia entre Dios mayúscula y minúscula, en algunas versiones bíblicas, "Dios" se lee en minúscula; pero vimos que éste es un grave error, ya que el Señor estaría diciendo que ningún "dios" en minúscula sería formado después de él. Todos sabemos que esto no es verdad.

2° Que "Dios" mayúscula no puede ser "formado" (*yatsar:* fabricar, hacer, formar) de alguna manera, ya sea con las manos, por medio de la palabra creadora o por generación. De lo contrario dejaría de ser llamado "Jehová" (el eterno), como lo destaca en el texto siguiente. En el contexto, el profeta emplea esta expresión hebrea para referirse a lo que Dios creó (Isaías 43:7; 44:2), y para el "dios" (que aquí el traductor escribe correctamente dios en minúscula) que puede formar el hombre con sus manos (44:10).

3° El revelador aquí, es el mismo que el apóstol Pedro asegura que es el único que puede salvarnos, porque murió por nosotros (Hechos 4:12). No niega que el Padre y el Espíritu Santo puedan hacerlo –que de hecho lo hacen al colaborar con Cristo–, sino que él, al morir por los pecadores, es el único que tiene la autoridad legal para hacerlo en el tribunal universal. Por lo tanto, Isaías continua diciendo: "Yo, yo Jehová [el eterno: Éxodo 3:13-15], y fuera de mí no hay quien salve" (Isaías 43:11). Y el apóstol Pedro lo confirma en Jesucristo: "Y en ningún otro hay salvación; porque no hay otro nombre bajo el cielo, dado a los hombres, en que podamos ser salvos (Hechos 4:12). Y Pablo lo explica así: "Porque hay un solo Dios [Padre], y **un solo mediador** entre Dios y los hombres, Jesucristo hombre" (1 Timoteo 2:5), que es "Jehová" (Dios eterno como el Padre).

4° Por lo tanto, el profeta nos revela que fue el Jehová Jesucristo, quien dijo que antes de él ni el Padre ni el Espíritu Santo fueron formados; ni tampoco lo serán después de él. Y ninguno de los tres pudo haber sido formado, creado o generado por naturaleza, porque son coeternos –más adelante veremos por qué, entonces, a Cristo se le llama "Hijo".

¿QUÉ SIGNIFICA A LA DIESTRA DEL PADRE?

Debido a la firme creencia cristiana de que no puede haber más de una persona divina que se llame "Señor", "Jehová" y Dios (*El*); y que la divinidad no puede tener una imagen corporal, también se rechaza como literal la revelación de que se sientan literalmente en más de un asiento del trono. Por lo tanto, a las declaraciones inspiradas donde dicen que una persona se sienta a la derecha (al sur)[1] del Padre, y otra está sentada "a los lados del norte", le dan una interpretación simbólica.

En el día de la resurrección, los discípulos fueron temprano a ver el sepulcro donde estaba Jesús, y se encontraron con "un joven **sentado al lado derecho** [dexiós], cubierto de una larga ropa blanca; y se espantaron" (Marcos 16:5). De las 54 veces que aparece el vocablo *dexiós*: derecha/o), 20 veces se refieren al lugar que ocupa Cristo en el trono; 33 veces se refieren a otros asuntos con un sentido literal, como el caso del ángel que vimos, y sólo una vez con sentido simbólico. Los discípulos no le dieron mayor significación a la derecha que a la izquierda (Mar. 10:37). Pero una vez Cristo le dio a la derecha un sentido simbólico positivo, y a la izquierda negativo (Mateo 25:33,34), recordando el salmo que dice: "Muestra tus maravillosas misericordias, tú que salvas a los que **se refugian a tu diestra**" (Salmos 17:7).

Puesto que Cristo se sentará a la derecha de "Dios, el Juez de todos" (Hebreos 12:23), estaba diciendo a sus discípulos que los de la izquierda suya serían entregados al Juez —que está a la izquierda de Cristo—,[2] y "los que se refugian a su diestra" a su misericordiosa intercesión. Eso lo confirma Pablo en Efesios 2:5,6.

En dos oportunidades, Pablo ubica a Cristo en "la sala del trono"; y sentado "a la diestra **del trono**" del Padre (Hebreos 8:1; 12: 2), es decir a la derecha del trono como asiento, pues no hay dos tronos como edificio (Salmos 122:5). En ningún lugar de la Biblia dice que a la diestra o derecha de un asiento, tiene un sentido simbólico (1 Reyes 2:19; Apocalipsis 5:1,7) —la visión de Juan en Apocalipsis es simbólica, pero él ve el libro a la "derecha" del trono por su ubicación literal, pues lo ve en la mano "derecha" de Cristo sentado—. Por lo tanto, las 18 veces restantes que se refieren al lugar que ocupa el Hijo de Dios, tienen que tener este sentido literal; y todas las demás interpretaciones que se han dado, no tienen más valor que la palabra del hombre.

Como la mayoría niega que Dios sea corporal, también se interpreta que sentarse en el trono es juzgar; y pararse interceder. Esto se cumple en algunos casos, pues Jesús dijo que los redimidos se sentarán en tronos para juzgar (Mateo 19:28; Lucas 22:30). Pero en otros casos no es así; y esto ocurre justamente cuando se habla de realidades, no símbolos. En Zacarías 6:13, Cristo, como sacerdote, se sienta en el trono para interceder al "lado" del Padre. Eso mismo lo confirma Pablo en Romanos 8:34 y en Hebreos 8:1,2; 12:2. Como el Hijo de Dios no está quieto, también se lo vio en visión parado (*hestóta*) a la diestra de Dios (Hechos 7:55,56), y "delante" suyo (Mateo 10:32), que está sentado en medio del trono; y por eso en ese momento también se lo vio "en medio del trono" (Apocalipsis 5:6). Por lo tanto esta interpretación no tiene apoyo bíblico.

---

[1] El lado "posterior" del tabernáculo siempre fue "al occidente" (Éxodo 26: 22), a fin de que los adoradores le dieran la espalda al sol naciente.

[2] Recordemos que la entrada al santuario siempre fue al este (Éxodo 26: 27,etc.).

Conclusiones:

Hasta aquí podemos sostener lo siguiente:

1° Si las tres personas divinas poseen la misma sustancia o naturaleza, no significa que son un solo Ser, sino porque su divinidad en plenitud es corporal; con los mismos atributos, y poseyendo en la imagen de ellos los mismos elementos, pero no los que se encuentran en nuestro planeta.

2° Cada persona es un individuo y un YO SOY y Jehová, porque tiene vida en sí misma; y ninguna persona Dios (*'El*) de la Deidad existió antes ni vino después por generación en sentido literal, sino que son tres "seres" ("somos") iguales, consustanciales y coeternos.

3° Antes de toda creación universal, las tres personas divinas se manifestaban "en toda la plenitud de la divinidad corporalmente". Si ahora el Hijo manifiesta menor gloria física que el Padre, será hasta su coronación final al fin del milenio, cuando en un momento mostrará toda su gloria real. Y si la tercera persona es Espíritu, es para poder estar presente con omnipresencia en cada criatura. Esta labor en Espíritu tiene que ser constante y por la eternidad. Por eso en las visiones de la tierra nueva los profetas nunca vieron al Espíritu Santo.

4° Como las tres personas son reales, no pueden sentarse en el mismo asiento del trono, sino una a la derecha (al sur) del Padre y la otra "a los lados del norte". Pero, aunque cada uno tiene su lugar a fin de que sus criaturas puedan encontrarlo, no permanecen quietos.

DIOS ES "UNO", PERO NO INSEPARABLE

Si Dios es una pluralidad *'Elohim*, donde hay tres personas individuales con vida en sí mismas, es decir tres "seres", ¿por qué en Deuteronomio 6:4 dice que Dios es "uno"? La Revelación lo dice así: "Oye, Israel: Jehová muestro Dios, Jehová **uno** es". Aquí, "Dios" está en plural: *'Elohim*; y "uno" es: *'ekjad*, no *yakjid*, de *yakjad*.

***'Echad** o ekjad*), que se lee 951 veces, es una unidad que viene de la raíz *'akjad*, que tiene dos acepciones que nos interesan con respecto al tema. La primera es unidad de unificar, coleccionar, reunir una pluralidad. Y la segunda, cortar, separar, elegir de una pluralidad. Estos dos significados se destacan en la Biblia al hablar de la Deidad. Dios es una unidad en **unión** de personas reales o seres (Génesis 1:9; 2:24; 11:6; 34:16,22; 33:13; 41:5,22,25; 42:11,13; Esdras 2:64, etc.); que en ciertos casos es como una unidad numérica en **elección,** separación o distinción de una persona de esa pluralidad (Génesis 2:21; 3:22; 10:25; 11:6; 21:15; 26:10; 32:8; 41:11,26; Salmos 14:3; 53:3; Isaías 30:17, etc.). También por eso en varias ocasiones se confunde el único Dios con la Trinidad, cuando en realidad se está hablando de una de las tres personas al relacionarse con el hombre.

Yachiyd *o yakjíd*), que se lee 12 veces, se diferencia de *'ekjad*, porque significa único, solitario, sólo uno (Gén. 22:2,16; Jue. 11:34; Prov. 4:3; Jer. 6:26, etc.). Y esta palabra **nunca** se relaciona con "Dios", "Jehová" y "Señor" cuando se refiere a toda la Divinidad, porque la **unidad de la Trinidad siempre es '*ekjad***. *Yakjíd* se corresponde con la palabra griega *mónos*, y Jesús negó claramente esta posibilidad en Juan 8:16.

Podemos decir que Dios (*'El*) el Padre es único; que Dios (*'El*) el Hijo es uno solo, y Dios (*'El*) el Espíritu Santo es sólo uno. También podemos decir que los tres obran "juntos", porque son "unidos". Pero no estamos con la Revelación, si hablamos de la Trinidad diciendo que es un Dios singular, único, solitario y una "unicidad absoluta", pues el monoteísmo hebreo no es el que sostiene la Biblia. Ya es tiempo de liberarnos de este prejuicio milenario. Tampoco lo es si decimos que la Deidad es un misterio de tres y uno al mismo tiempo, pues no es verdad.

También vimos que *'ekjad* no solamente significa **unir**, sino también **elegir** o destacar **uno** de una pluralidad. Por eso "Jehová [Emmanu**El** es sólo Cristo: *'El*, de la Trinidad] 'será **rey** sobre toda la tierra. En aquel día **Jehová será uno, y uno su nombre**" (Zac.14:9).[1] Es decir, que nuestro mundo tendrá un solo Rey, que será el Jehová Emanuel, porque Jehová Padre entregará el dominio al único que lo compró y rescató con su sangre (Dan. 7:13,14; Apoc. 11:15; 17:14; 19:13,16). Esto no quiere decir que el Padre y el Espíritu Santo dejarán de reinar en el universo. Sólo se nos dice que Cristo será Rey de los redimidos, porque a pesar que Adán fue creado gracias a la obra de las tres personas divinas, cuando dijeron "Hagamos al hombre...", Jesucristo "es el único de los "Creadores" celestiales que lo recreó con Eva comprándolo con su sangre.

En el N.T., la expresión *heis*: "uno", corresponde con *'ekjad* y con *yakjid* del A.T. Por lo tanto, para saber si se habla de una unidad numérica o de unión, es necesario recurrir al contexto inmediato. Y otra vez, como ocurre en el A.T., cuando el Señor se expresa —no siempre un profeta—, relaciona el Dios plural o las tres personas divinas con verbos y pronombres en plural: "Padre santo [...] **que sean uno** [*heis*]**, así como nosotros**" (Juan 17: 11). "Para que todos **sean uno** [*heis*], como tú, oh Padre, en mí, y yo en ti, que también ellos sean **uno** [*heis*] **en nosotros**, [...] perfectos **en unidad**" (17:21-23). Una expresión derivada de *heis*, es *mía,* que significa juntar, unir como la unión del matrimonio (Mat. 19:6; Mar. 10:8; Heb. 10:12), y corresponde con el hebreo *ekjad*.

Así que también en el N.T., la Trinidad es la "unidad" plural *'ekjad* del A.T. Es decir, que en ninguna parte de la Biblia se relaciona la Deidad con una unidad numérica de una unidad absoluta y solitaria. Ya es tiempo que aceptemos esto, pues la filosofía aristotélica de la unidad de "la sustancia metafísica" de la Deidad, aceptada por Roma, ha pasado a toda la cristiandad.

La declaración más clara que he encontrado al respecto, está en Juan 17:21, cuando dice: "que también **ellos sean uno en nosotros**". Si decimos que Dios son tres personas en una sustancia como sinónimo de Ser, como insiste Roma, esta declaración nos obligaría a

[1] White, *El Discurso Maestro de Jesucristo,* (M. View, Calif.: Pub. Inter. 1964), p. 93.

incluir como una unidad, la naturaleza del hombre en la naturaleza divina; y a esto le llamamos "panteísmo". Pero si la "unidad" no está en el ser de Dios, sino en el carácter; en sus propósitos y en su obra por nosotros, Juan 17:21 deja de ser otra piedra de tropiezo; y le daremos la interpretación que le da el Revelador. A pesar de esto muchos cristianos repiten como Tertuliano: "Si Dios no es **único**, no es Dios".[1]

La Trinidad no es inseparable ni indivisible:

La creencia en un solo Ser divino no admite que una persona de la Deidad se separe de otra, o que una de ellas pueda romper la "unidad" de Dios.[2] Pero Cristo dijo: "Yo **salí** [*exérjomai*: salir, apartarse, partir] **de Dios**. Salí del Padre y he venido al mundo" (Juan 16: 27,28).

Mediante la figura del rey Salomón, ya se había profetizado esto: "Yo afirmaré para siempre el trono de su reino [...] Y si él hiciere mal, yo le castigaré con vara de hombres, y con azotes de hijos de hombres" (2 Sam. 7:13,14). Sabemos que el pecado es separación de Dios; y el castigo es la separación eterna. La desgarrante exclamación del Salvador: "Dios mío, ¿por qué me has **desamparado**?" (Mat. 27:46), conmovió a todos los mundos, pues se daba la posibilidad de que en el trono sólo quedaran dos de las tres personas de la Trinidad.

Pero, si Cristo fuera el mismo Ser del Padre, no podría haber sido "desamparado", y esa exclamación hubiera sido parte de una formidable obra de teatro. En verdad, Jesús habría estado mintiendo desde los 12 años, cuando señaló al cielo y dijo que su Padre estaba allá.

Nuevas conclusiones:

Basándonos en esta revelación, podemos llegar a estas nuevas conclusiones, diciendo:

1º Dios ('*Elohim*) no es único. Es (o son) "uno" porque obran juntos; están unidos. Las visiones y las descripciones de los profetas nos señalan claramente más de una imagen corporal. No hay un solo lugar donde se presente a la Deidad con una unidad numérica, por lo tanto, no son tres semi-personas en una sola real, sino tres en el trío celestial.

2º La Trinidad no es "una" porque al poseer una sustancia o naturaleza es un solo Ser, sino porque los tres tienen un solo propósito, un solo carácter, un solo pensamiento. De lo contrario, cuando Cristo oró al Padre por sus discípulos, rogando que "sean **uno en**" ellos, habría estado pidiendo que los discípulos y Cristo fueran un ser en la Deidad; y nosotros no somos panteístas.

3º La Trinidad no es inseparable, pues la Revelación dice que en el Calvario hubo una separación entre Cristo y las otras dos personas divinas, que podía llegar a ser eterna. Tampoco es indivisible, pues por la misma razón se habría roto la "unidad" de la Deidad. La exclamación: "¿Por qué me has desamparado?" no fue parte de una colosal obra de teatro.

---

[1] Catecismo, *CIC*, p. 59.
[2] R. Alarcón, *El Ministerio Adventista*, (Bs. As.: ACES, diciembre 1975, p. 4.

EL MONOTEÍSMO BÍBLICO

Así como no podemos aceptar con la Biblia la confusa "Trinidad" romana de **tres y uno** al mismo tiempo, en lugar de **tres en "uno"**, o Dios **"Triuno"**, tampoco podemos aceptar el monoteísmo hebreo de un Dios supremo que fue el origen de otro llamado "Hijo"; ni el monoteísmo cristiano del Padre que generó a otros dos llamados "Hijo" y "Espíritu Santo". En un himno se encuentran las palabras de esta creencia tan conocida: "**Dios es uno y único**, y no hay otro junto a él. Dios es el único, el único que ha creado todas las cosas. Dios **es espíritu** [...] nadie ha divisado sus formas [...] Es **el Padre de todos** [...]".[1]

No está en nuestro himnario, porque es un himno pagano en honor al dios Ra de los egipcios, que se cantaba en los tiempos de Moisés. Las palabras de ese himno siguen diciendo: "[...] es el Padre de todos **los dioses**".[2] En verdad, en casi todos los casos, el politeísmo ha destacado un dios padre que dio origen a los demás. Vemos que esta idea de un Dios único que genera al Hijo y de una tercera persona que viene de ambos, es más antiguo que el cristianismo y que el judaísmo.

Sabemos que en el A.T. no se relaciona ni una sola vez la palabra *yakjid* (único, sólo uno numéricamente) con la Deidad. Siempre es '*ekjad* con una unidad de unión. Sin embargo, en varias ocasiones se leen las palabras griegas *monos-Theos*: único Dios), de donde parte la creencia monoteísta del cristianismo. Así que es necesario que nos detengamos para examinarlas.

Monos-Theos:

El vocablo griego *mónos*, que se lee 47 veces en el N.T., significa único, uno solo numéricamente, solitario. Y el primer texto que señalo lo encontramos en Juan 8:16, que dice así: "Porque **no soy yo solo** (*mónos*), sino yo y el que me envió, el Padre". Aunque aquí no relaciona directamente el vocablo *monos* con *Theos*, todos estamos de acuerdo que está relacionando al Hijo (que es Dios) con el Padre (que es Dios), para destacar que, si bien obran juntos y están unidos, "**no**" son uno en unicidad absoluta. Esta declaración de Cristo, en ningún modo contradice a las declaraciones bíblicas que hablan de un Dios único (*monos-Theos*), pues, como ocurre en el A.T., siempre cuando Dios es único, se trata de **sólo** una persona divina con relación a los dioses humanos; nunca cuando se relacionan las personas divinas entre sí.

Cuando el único Dios es sólo el Hijo:

En 1 Timoteo 6:15-17, el "**único** (*mónos*) y sabio **Dios** [...] y **solo** soberano, Rey de reyes, y Señor de señores, **el único** que tiene inmortalidad", no es aquí el Padre ni la Trinidad, sino sólo el Hijo, pues está hablando de "la aparición de nuestro Señor Jesucristo" (6:14); y

---

[1] Werner Vyhmeister, *La Arqueología Frente a la Biblia,* (Entre Ríos: CAP, 1964), p. 8.
[2] Idem.

ya sabemos que en la segunda venida, Cristo no vendrá con el Padre, pues él permanecerá en el cielo para darnos la bienvenida.[1] En Mateo 26:64 Jesús no dijo a Caifás que vendría "sentado a la diestra del poder de Dios", sino que él, luego de la resurrección, se iba a sentar a su "diestra", "y" (*kaí*) que vendría después.

En Lucas 5:21, los fariseos exclamaron: "¿Quién puede perdonar pecados sino sólo (*mónos*) Dios?" Jesús les respondió: "El Hijo del Hombre" (5:24); que es el único de la Deidad que tiene autoridad para perdonar, porque fue él quien pagó con su sangre (Hech. 4:12; 1 Tim. 2:5).

En Mateo 17:8; Marcos 9:8; Hechos 4:12 y Apocalipsis 15:4, el vocablo *mónos* se relaciona sólo con Jesús al compararse con los hombres.

Por último, en Juan 1:18, donde aparece la declaración *monogenés Theós*, algunos pretenden unirla con una declaración en 10:30, para concluir que Cristo es el mismo y único Dios, traduciendo el texto así: "A Dios nadie le ha visto jamás; pero **Dios Uno y único**, que está en el seno del Padre, él le ha dado a conocer". Pero el texto no está hablando de la unicidad de Dios (*mono Theós*), sino de la única clase de hijo que existe tanto en la Divinidad como en este mundo: *Monogenés* está constituido de dos vocablos: *monos:* único; y *génos* (familia, género, linaje, clase) de *gínomai:* llegar a existir, ser constituido, nacer. Por lo tanto, *mónos-genós Theos* no es lo mismo que *mónos-mónos Theos*, como se pretende argumentar. Pablo emplea el vocablo *genómenon,* de *gínomai,* para decir que "Dios envió a su Hijo, **nacido** de mujer y **nacido** bajo la ley" (Gál. 4:4). Aquí no dice: "único de mujer y único bajo la ley", pues sabemos que no es el único hijo que nació de una mujer, ni el único que vivió bajo la ley. Así que *monogenés* tiene relación con el Hijo de Dios y no con el único Dios. Por eso Cristo negó que sea el único en la Deidad (*mónos:* Juan 8:16).

Cuando el único Dios es sólo el Padre:

En Mateo 24:36; Juan 5:43,44; 17:3, Cristo dice que el Padre es el **único** Dios, por que él estaba como Hijo del Hombre, y el Padre como **su "Dios"** (Mat. 27:46; Mar. 15:34; Juan 20:17; ver Sal. 89:26). En Romanos 16:27, Pablo glorifica al Padre "mediante Jesucristo". Y en Judas 25, el único Dios es el Padre por medio (*diá*) Jesucristo.

Esto significa que en **ningún** lugar de la Biblia las palabras *monos-Theos* se refieren a las tres personas de la Deidad. Siempre es el Padre solo o el Hijo solo. Por eso "la enseñanza monoteísta" no debe ser confundida con el monoteísmo babilónico del dios supremo sobre todos los dioses.

---

[1] Francis D. Nichol, ed., *Comentario bíblico Adventista del Séptimo Día (CBA)*, vol. 7, (California, Pub. Inter. 1990), p. 962. Si en la segunda venida, Cristo viniera con el Padre, que es el único que mantiene la plenitud de su gloria; y que es "siete veces" la luz del sol al mediodía (Isaías 30:26), todos quedaríamos encandilados y no podríamos ver el "rostro·" de Cristo a su lado, que muestra una Gloria menor (Hebreos 1:3). No es porque es menor que el Padre, sino que se presenta así para que podamos verlo a él sin quedar encandilados (Apocalipsis 6:16).

El Dios "uno" (*heis*):

La otra expresión del N.T. que significa unidad, es *heis*. Como en el griego no hay una diferenciación de "uno" de unión y de "uno" de unicidad, a esta palabra se la emplea tanto con el sentido de unidad de unión del hebreo *'ekjad*, como el único del *yakjid* del A.T. Si en el N.T. *heis* significa único, siempre se refiere sólo a una de las tres personas divinas:

Cuando sólo el Padre es "*heis*": Esta palabra se encuentra en Mat. 23:9; Mar. 10:18; Luc. 18:19; Rom. 8:4,6; Gál. 3:20; 1 Tim. 2:5 y Efe. 4:6.

Cuando sólo el Hijo es "*heis*": La encontramos en Mat. 23:10; Mar. 2:7; 13:32; Rom. 5:17; 8:6 y Gál. 3:19.

Cuando sólo el Espíritu Santo es "*heis*": La encontramos en 1 Cor. 12:11,13 y en Efe. 2:18.

Cuando "uno" *(heis)* se relaciona con la Deidad:

En 1 Corintios 8:4-6, según el concepto judío del Dios Padre como único Dios, Pablo dice que no hay más que **un** (*heis*) Dios. Pero luego agrega: "Para nosotros, sin embargo, sólo hay **un** (*h*eis) Dios, el **Padre** [...] y **un** (*heis*) **Señor**, Jesucristo" —recuerde que si aquí no nombra al Espíritu Santo, es porque estaba hablando con judíos, que la mayoría no sabía que existía (Hech. 19:2-5).

Aquí se muestra en forma clara la diferencia que existe entre el concepto hebreo y el cristiano, según la autoridad de un profeta. Para nosotros, cuando se nombra a más de una persona divina como única, "**uno**" (*heis*) aparece tantas veces como a personas se refiere. Es decir, el Padre es el único como Padre, el Hijo, el único como Hijo, etc. Sin embargo, como ya lo adelantara, cuando en el N.T. se nombra a las tres personas, al único que se le llama "Dios" es al Padre. Al Hijo y al Espíritu Santo, se los presenta por la obra que realizan; como "Señor", o con un título divino que no sea "Dios", a fin de no causar un innecesario alboroto entre los judíos. Pero, tanto los eruditos judíos como nosotros, sabemos que "Señor", que viene de "Jehová", no es menor que "Dios". Es simplemente una forma de evitar escribir dos veces la palabra "Dios" en una misma declaración.

En Efesios 4:4-6, la Trinidad es "**un** (*heis*) Espíritu [...] **un** (*heis*) Señor [...] **un** (*heis*) Dios y Padre". Otra vez, se repite "uno" (*heis*) para cada persona. Lo mismo en 1 Timoteo 2:5, cuando se nombran a Dios Padre y al Mediador.

Pero en Juan 10:30; 17:11,21; Marcos 12:29 y Santiago 2:19, "Dios es **uno** (*heis*)" con el sentido de *'ekjad* que da el AT. Cuando leemos: "**Uno** somos" y "que también ellos sean **uno** en nosotros", no puede tratarse de una unidad numérica absoluta. Observe que en Marcos 12:29, cuando Cristo cita a Deuteronomio 6:4, nombra a la Triunidad: "Señor [...] Dios [...] Señor". Pero para los judíos era: "**Un** (*heis*) padre tenemos, que es **Dios**" (Jn. 8:41) en sentido de único; y hasta hoy se quedan allí estancados.

El origen del monoteísmo anti-bíblico:

Ya vimos que la creencia en un Dios "único" como verdadero y como fuente de origen de toda persona divina, es anterior al cristianismo romano. Ahora veremos que es anterior al

Dios "único" que los hebreos atribuían al Padre. Ésta es la idea primaria que ha estado manteniendo la mayoría de las religiones paganas.

Los israelitas, por ejemplo, conocían la trinidad egipcia: *Ra* (Dios Sol eterno), *Queb* (padre en la tierra, engendrado por Ra) y *Nout* (la soberana engendrada en los cielos), como principales en el panteón de los dioses.[1] Esta idea de uno primero que engendra a los demás aún prevalece en la Deidad pagano-cristiana de la iglesia de Roma con el Padre, como "la fuente de origen" de la "Trinidad", donde el "Hijo" es engendrado desde la eternidad; los "ángeles" —*'elohim*: dioses (Sal. 8:5)— y los santos celestiales que les dan atributos divinos de salvación, etc.

Pero el Dios único sobre todos los *'elohim*, es todavía más antiguo, pues tuvo su origen en el cielo con Lucifer. EGW se refiere a este origen con estas palabras: "¿Por qué —se preguntaba el poderoso ángel— debe Cristo tener la supremacía? ¿Por qué se le honra más que a mí? [...] **La exaltación del Hijo de Dios como igual al Padre** fue presentada como **una injusticia** cometida contra Lucifer".[2] Entonces, "Lucifer señaló la longanimidad de Dios [Padre] como una prueba de su propia superioridad sobre él".[3]

Aquí se nos dice claramente que Satanás no creía o no entendía la verdad de la Trinidad bíblica, pues sólo aceptaba a un Dios como supremo. El Hijo no podía ser igual, y reconocía que él mismo también era inferior al Dios supremo, aunque con la atribución de ser adorado como Dios (*'El*) "Altísimo" (*'Elyon*) (Isa. 14:14); es decir igual a Dios Hijo. ¿No es ésta la trinidad pagana con un Dios supremo, en lugar de tres iguales y coeternos en "unidad"?

Sí. Es verdad que se proclaman tres personas iguales y coeternas. Pero al detenernos para examinar esa doctrina, pronto notamos que el credo es sólo una máscara que cubre lo que realmente nos quiere hacer creer: Que el Padre es el origen de la Trinidad; el Hijo, doblemente engendrado, y el Espíritu Santo, que viene de ambos. Este monoteísmo pagano y judaico no puede ser aceptado aunque se lo haya revestido con el manto babilónico del "misterio". Todos estamos de acuerdo que hay mucho de la Deidad que escapa al hombre finito. Pero no aceptamos como "misterio" lo que Dios nos ha revelado con tanta claridad.

Por ejemplo, cuando dicen que Dios es un solo "Ser" porque de lo contrario serían "tres sustancias", citan la declaración divina: "YO SOY EL QUE SOY" del A.T., y el "YO SOY" del N.T., como prueba que Cristo es el mismo ser del Padre. Pero esto no prueba que el que lo dijo es el ser del Padre —como creyeron los monarquistas, y hoy los semi-monarquistas que hablan de un Dios de "unicidad absoluta" en tres personas aparentes—, sino que vive por sí mismo. Lo otro es interpretación privada. ¿Qué dijo Cristo sobre esto? Como vimos, su respuesta está en Juan 8:16 y 10:30: "**No soy yo solo**": "Yo y el Padre uno[4] **somos** (*esmén*)". Es decir, somos unidos.

[1] José Huby, *Christus,* (Bs.As.: Edit. Angelus, 1952), p. 538.
[2] White, *PP,* p. 16.
[3] Ibíd., p. 19.
[4] En 2004 surgió una posición cristiana en Brasil, asegurando que Juan 10:30 prueba que la Deidad es una unidad numérica, pues dice: "**Uno** somos". Pero no explica por qué Cristo no dijo: "Uno soy", o "soy el

Esto significa que los que niegan que la Deidad está compuesta de una unión de tres Seres o tres personas en el pleno sentido de la palabra, están negando por prejuicio al autor de la Revelación. Destaco esto para que nos desliguemos de esta doctrina tan generalizada y avancemos un paso más en la gracia y el conocimiento del Señor (2 Ped. 3:18).

Conclusiones:

De acuerdo a esta revelaciones, podemos presentar las siguientes conclusiones, diciendo:

1.° Como ocurre en el A.T., Dios es único; sólo uno, cuando una de las tres personas divinas se relaciona con los hombres. Por eso, las palabras "*monos"-"Theos*" nunca se emplean para referirse a la Trinidad, sino sólo al Hijo o sólo al Padre.

2.° El vocablo griego *"heis"* ("uno") se lo emplea como el *yakjid* del AT, es decir como único, sólo cuando se lo relaciona con una de las tres personas divinas. Cuando "*heis*" tiene un sentido plural (*'ekjad* del AT), se lo relaciona con "Señor [...] Dios [...] Señor", es decir con la Trinidad; con el "somos", es decir con seres en plural, o con el "Dios" (*'Elohim*) plural del A.T.

3.° En 1 Corintios 8:4-6, Pablo presenta la marcada diferencia que existe entre la Deidad hebrea y la del cristianismo bíblico. Para los primeros, solamente hay un Dios, el Padre, sobre los dioses (*'elohim*) del cielo y de la tierra. Pero para nosotros, no sólo el Padre es verdadero y pleno Dios, sino que también lo es el Señor Jesucristo (Col. 2:9; Juan 5:20).

4.° El monoteísmo judeo-romano tiene aspectos que se relacionan con una clase de monoteísmo politeísta anterior al pensamiento hebreo. Este monoteísmo se originó en el cielo con Satanás, al pretender hacer del Padre el único que puede tener la supremacía y la eternidad; y al querer igualarse él mismo al Dios Hijo como un Dios menor al Padre, y tratar de formar así el primer panteón de los dioses.

5.° Cristo, como Dios verdadero, negó ser uno solo. Y con el mismo énfasis negó ser un solo ser en la Deidad. Cuando hablaba a los hombres sólo de su parte, decía "Yo soy"; pero cuando hablaba de parte de la Deidad, cambiaba el singular por el plural "somos". Sin embargo, no por eso las tres personas dejan de ser "uno" en naturaleza, en carácter y en propósitos.

Justamente, con relación a las características que se nombran de la divinidad, observe que cuando los profetas hablan de la imagen; la corporalidad; de la vida como ser; de las cualidades y de la obra, señalan una clara pluralidad. Pero cuando se refieren al sentido plural de "Dios" y al señorío, resaltan una llamativa **unidad** compuesta (*'ekjad*).

¿EL HIJO DE DIOS FUE ENGENDRADO ANTES DE NACER EN BELÉN?

---

mismo"; ni porque dijo: "No soy yo solo". Es evidente que, como vimos, se desconoce el sentido que la Biblia da a este término con relación a la Deidad.

El sabio Salomón se refirió al Hijo eterno de Dios, cuando escribió el capítulo 8 de Proverbios, personificándolo como "la sabiduría". Pablo aclara que esa "sabiduría de Dios" es "Cristo" (1 Cor. 1:24). Salomón escribió: "**Eternamente fui establecida** [...] Antes de los abismos **fui dada a luz**[*kjul, kjíl*]; antes que fuesen las fuentes de las muchas aguas, antes que los montes fuesen formados, antes de los collados, ya **había sido engendrada**" (Prob. 8:23-25).

Aunque Salomón emplea muchos simbolismos en su libro, esta declaración no es de él, sino del mismo "Hijo de Dios", cuando cuenta lo que aconteció mientras existía con Dios antes de la creación del mundo. Así que se trata de un hecho histórico, y no sólo de una ilustración que está dando un ser humano.

Con esto, podríamos llegar a la conclusión de que Cristo es "Hijo eterno" porque fue engendrado en algún momento de la eternidad, antes de la creación de la Tierra. Pero, ¡cuidado!: Jesús está hablando con Salomón desde antes del verso 24. ¿Y qué cuenta el Señor antes que fuera "engendrado"? Observe este detalle: **"Eternamente fui establecida"**. La expresión hebrea *qadmah,* significa primero en el tiempo, en un estado anterior, es decir como el "Yo Soy antes de". Además nos dice que ya existía como establecida (*nasak*). Por lo tanto, aquí se habla del engendramiento **del que ya estaba establecido por la eternidad**; y, por supuesto, con un sentido distinto al que le da la mayoría de los intérpretes. Esto es muy importante. Por eso, Proverbios 8:22-30 se une con Miqueas 5:2, donde se habla de la "eternidad" del Hijo de Dios.

La expresión hebrea *kjul* ("engendrada"), que Salomón emplea en el capítulo 8 de Proverbios, aparece 62 veces; y se la emplea en el A.T. como atormentar, retorcerse de dolor, esperar, aguardar, parir, temblar y temer (Prov. 8:24,25). Y *yeléd*, de Salmos 2:7, se lee 89 veces: engendrar, concebir, nacer, formar, tener hijos y parir. Entonces ahora el asunto queda más claro: Nos dice que Cristo ya estaba en funciones antes de ser engendrado, y por lo tanto tiene que ser "Hijo" en un sentido distinto. Esto puede explicar por qué en Proverbios el capítulo 8, Salomón no emplea *yeléd* (engendrar, parir) sino *kjul*, que más bien tiene un sentido de espera del Eterno con cierto dolor, sabiendo que en un futuro tendría que ser engendrado y morir por los tristes resultados del pecado en este mundo. Este mismo sentimiento tenía Dios Padre, y por eso le dijo a su compañero divino que no era de su agrado que viniera a nacer para sufrir este sacrificio (Hebreos 10:5). Lo interesante del caso, es que en el Getsemaní, poco antes de ser crucificado, fue Jesús quien quiso librarse del sacrificio en la cruz (Mateo 26:39,42); y fue el Padre el que lo animó, porque por amor a nosotros (Juan 3:16), sabía que si no se pagaban las culpas del hombre, todos moriríamos para siempre y el universo perdería su fe en el trono eterno. Vemos que no fue fácil para Dios cumplir su plan eterno de salvarnos.

Ya vimos que para los hebreos, el "Hijo de Dios" fue siempre el "Hijo" que debía ser honrado por orden del Padre, el único Dios verdadero (Salmos 2:7,12). Para ellos era "el Ángel de Jehová"; también el '*Elohim* de Jehová (Sal. 8:5), el principal de "los hijos de Dios" (Éxodo 3:2; Job 1:6), y para otros el '*Elohim* hijo del rey David (Marcos 12:35), es decir el

"Cristo", el "Mesías" y "Rey" de Israel (Lucas 22:69; Juan 1:49); pero nunca como Jehová mismo, porque el Padre dejaría de ser Dios único. Entonces, Cristo hizo una pregunta que sigue siendo una de las más difíciles para el judío, incluso para la mayoría de los cristianos:

"Dijo el **Señor** a mi **Señor**: Siéntate a mi diestra [...] Pues si David le llama **Señor, ¿cómo es su hijo?**" (Mateo 22: 44,45).

Si los sacerdotes fariseos aceptaban que Jesús era uno de los tantos descendientes del rey David, debían responder por qué David le llamó "Señor" como ellos llamaban al "Padre". Y si se refería al "Hijo de Dios", tampoco creían que podía ser "Señor"; y menos que al "Señor" se le llamara "Hijo". La respuesta de los fariseos fue el silencio... que continúa hasta nosotros hoy.

En un extenso estudio sobre la Trinidad[1] se dio esta ambigua explicación acerca del Hijo de Dios: "En su preexistencia eterna no fue un Hijo en el mismo sentido de lo que fue después de haber nacido como humano". ¿Entonces desde la eternidad ya era "Hijo" de Dios Padre? ¿Cuál era este sentido? La gran pregunta de Cristo sigue sonando en nuestros oídos: "Pues si David le llama Señor, ¿cómo es su hijo?"

Es claro que si Jesús —hebreo *YaHWeH* + *yeshà*= *Y^eHoshua*—, el Jehová Salvación es el Señor; y que "sus salidas son desde el principio, desde los días de **la eternidad**" (Miqueas 5:2), no pudo haber sido Hijo engendrado por la vida de otra persona divina, ya que *YaHWêH* significa el que siempre ES (Éxodo 3:14). En 1 Juan 5:20 dice que Cristo es "el verdadero Dios" porque posee la "vida **eterna**" (*dsoé aiónios*). Este texto de Juan viene de Jeremías 10:10, que dice que es el "Dios verdadero" porque **es "Jehová"** (Dios eterno).[2] Y el salmista pregunta: "Porque ¿quién es Dios sino sólo Jehová [el Eterno]? ¿Y qué **roca** hay fuera de nuestro Dios?" (Salmos 18:31). "...y la roca **era Cristo**" (1 Corintios 10:4).

Juan lo confirma en Apocalipsis 15:3, diciendo que es el "Señor Dios Todopoderoso". Pablo dice que "en él habita corporalmente **la plenitud de la Deidad**" (Colosenses 2:9). Por eso él es "nuestro **gran Dios y Salvador**" (Tito 2:13). Y como Cristo es el Creador de "Adán, hijo de Dios" (Lucas 3:38), él es nuestro "Padre **eterno**" (Isaías 9:6) de nuestra vida corporal, y el Dios Padre, nuestro Padre sólo si lo aceptamos espiritualmente por fe (Juan 1:12,13).

Por lo tanto Isaías concluye: "**Antes** de mí (*Y^eHoshuá*: Jehová Salvador) **no** fue formado Dios, ni lo será **después** de mí" (Isaías 43:10). Ninguna de las tres personas divinas fue formada, creada o engendrada antes o después del Salvador Jesucristo. En algunas versiones se lee aquí "dios" minúscula. Pero es un error, pues todos los dioses fueron formados por el hombre "después" de Dios.

Entonces, si ninguna de las tres personas divinas llegó a la existencia después de las otras dos, ¿qué debemos entender acerca del Eterno que es "engendrado"? El profeta Isaías escribió: "Inclinad vuestro oído, y venid a mí; oíd, y vivirá vuestra alma; y haré con vosotros **pacto eterno**, las misericordias firmes a David" (Isaías 55:3). Y el mismo David dijo: "La

---

[1] Woodrow Whidden, Jerry Moon, Johnn W. Reeeve, *La Trinidad,* (Bs. As.: ACES, 2008), p. 220, 221.

[2] En 1 Juan 5:20 se discute si se debe interpretar: "Y estamos **en** [o **con:** *'en*] el verdadero", como ocurre en otros textos (Luc. 14:31; Jud. 14). Y si "**este** [*houtós*] es el verdadero Dios", se refiere al sustantivo más próximo o no (Ver 1 Juan 2:22). Por lo tanto, esta declaración debe estar apoyada con otras de la Biblia.

misericordia de Jehová es **desde la eternidad** y hasta la eternidad sobre los que le temen" (Salmos 103:7).

Se trata de un pacto hecho en la eternidad entre las tres personas divinas, sabiendo que el hombre caería en el pecado debido al mal uso del libre albedrío. En ese tiempo Jesús no fue "Hijo engendrado", ni llegó a ser el "Cordero que fue inmolado desde el principio del mundo" (Apocalipsis 13:8), sino que se trataba del pacto que se hizo entonces para poder cumplirlo cuando fuere necesario. Por eso veremos que el cumplimiento del engendramiento del Hijo de Dios, siempre se cumple en términos futuros a los días del rey David. Pero antes de esto, examinemos las propuestas que todavía se dan en el cristianismo.

Cristo es "Hijo" por su coronación:

Esta teoría sostiene que Cristo llegó a ser el "Hijo de Dios" después de su resurrección, cuando fue entronizado y recibió la corona al sentarse en el trono. En algunos documentos arqueológicos, se encontró que en su coronación, un rey era llamado "Hijo", como el heredero del trono, y el fiel sucesor del reino.[1] Se cree, entonces, que en base a esta creencia difundida entonces, los profetas escribieron que Cristo fue llamado "Hijo" cuando se sentó en el trono y fue coronado.

Esta posición no tiene apoyo inspirado:

1° Según las Escrituras, la profecía de Salmos 2:7 se cumplió "por la resurrección de entre los muertos", no cuarenta días más tarde, en la coronación de Cristo que ellos anuncian (Hechos 13:33,34; Romanos 1:4). Además, el título "Hijo del Altísimo" e "Hijo de Dios", lo había recibido en forma condicional ya desde el nacimiento (Lucas 1:31-35).

2° Cuando se sentó en el trono, Cristo fue ungido, como lo fue en el bautismo (Hechos 10:38; Mateo 3:17), pero no permitió recibir "la corona de gloria y el manto real", porque todavía sus enemigos no han sido puestos debajo de sus pies (Hebreos 10: 12,13).[2] Entonces Cristo se sentó en el "trono" para oficiar "la gracia" (Hebreos 4:16) como "Mediador", siendo Sumo sacerdote a la diestra del Padre (Zacarías 6:13; Hebreos 8: 1,2,6). La corona "de gloria" de Hebreos 2:9, viene de la corona de gloria simbólica del hombre antes del pecado (2:7), según Salmos 8:4,5. La coronación final ocurrirá momentos antes que Jesús inicie su viaje a la Tierra al fin de las plagas,[3] y en forma definitiva al fin del milenio.[4] Esto no significa que porque ahora no tiene corona no es Rey, ni había dejado de serlo cuando nació en Belén.

Cristo fue "Hijo engendrado" dos veces:

Esta posición cree que Cristo es "Hijo eterno" por naturaleza—no por pacto eterno—, al ser engendrado literalmente del Padre en algún momento de la eternidad, antes de venir a

---

[1] Grand Rapids, *Eerdmans,* vol. 3, (1986), p. 21.

[2] White, *DTG,* p. 773. Y la corona de honra de Heb. 2:9, es la simbólica que viene hablando de la que recibió el hombre en el Edén (2:/), según Sal. 8:5,6.

[3] *PE, pp. 280,281; MSV,* p. 285.

[4] *CS,* pp. 723,724.

nacer como Hijo del Hombre. Ésta era la posición sostenida por un grupo de ebionitas, y los elkesaitas, durante los siglos I y II. Pero ya vimos que la herejía de la doble generación tampoco tiene apoyo de la Biblia. Isaías dijo claramente que ninguna persona divina vino o vendrá después de las otras (Isaías 43:10).

La doble generación del Hijo de Dios fue el principal punto de controversia entre los cristianos judeo-helenistas y los apologistas anti-gnósticos. Los primeros sostenían que el Padre es "santo" porque es "incorpóreo". Por lo tanto, concluían que el Hijo no puede tener la misma sustancia del Padre, porque pudo encarnarse. Los segundos creyeron defender la divinidad de Cristo, sosteniendo que era el "vapor", la "energía", el "aspecto", la "derivación" o la "emanación" de la misma sustancia del Padre, que luego se encarnó. Para ellos no era una generación orgánica, sino en "concepto", porque sería el fruto del "pensamiento" del Padre. De esa manera creían que es el "*Logos*" eterno.[1] Pero, como no pudieron explicar cómo el Hijo podía ser generado en algún momento de la eternidad y al mismo tiempo ser eterno e igual al Padre, Orígenes propuso la idea de que siempre sigue generándose.[2] De esta manera, la creencia en la generación del Hijo por naturaleza y no por pacto eterno, se extendió por todo el cristianismo.

Pero esta insostenible posición nunca podrá explicar cómo es que Cristo es "Hijo" por naturaleza; y al mismo tiempo el "Padre **eterno**", porque llegó a ser nuestro Creador a través de Adán (Isaías 9:6; 64:8). Por qué "sus salidas son desde el principio, desde los días de la **eternidad**" (Miqueas 5:2); por qué él es *Y^{a}HW^{e}H* y el "YO SOY EL QUE SOY (Éxodo 3:2, 4,14,15; Juan 8:24,28,58), es decir que "no proviene ni deriva de otra" persona divina. Y como es tan eterno como el Padre y el Espíritu, el Hijo posee "toda la plenitud de la Deidad" (Colosenses 2:9). Por último, **siempre** que se habla en el A.T. del **Hijo** de Dios, se refiere a un tiempo **futuro**. A esto volveremos después.

Cristo es "Hijo" por ser igual a Dios:

Esta posición puede resolver el gran problema que tiene la teoría anterior, pues ahora el Hijo puede ser eterno como el Padre, y por consiguiente verdadero Dios como él. Sin embargo, le da al "Hijo de Dios" un significado diferente al que le da la Revelación.

La expresión "hijo" en la Biblia, siempre, ya sea en sentido literal como en el simbólico, tiene un significado de dependencia, no de igualdad. En el A.T. se la emplea con los vocablos hebreos *ben* y *bar* (Génesis 5:3,4; Esdras 5:1; Sal. 144:3; Proverbios 31:2, etc.). Y ambas expresiones se las usa para referirse al Hijo de Dios (*ben*: Salmos 2:7; Proverbios 31:2, etc., y *bar*: Salmos 2:12). Cuando "hijo" tiene un sentido figurado, señala al fiel seguidor; al discípulo, al creyente "de los hombres"; y al que es discípulo o creyente en las promesas de Dios (Génesis 6:2).[3] En el N.T. también aparece con dos expresiones: *huiós*), "hijo" con un sentido más genuino, y *teknon*, "hijo" con un sentido más común.

---

[1] Francisco Lacueva, *Un Dios en Tres Personas,* (Barcelona: CLIE, 1974), p. 153.
[2] Seeberg, *MHD,* 1:155,156.
[3] *PP,* p. 68.

Sabemos que Cristo es nuestro "Padre eterno", y por lo tanto nuestro creador mediante Adán, que llegó a ser el primer "hijo de Dios" *huiós* (Lucas 3:38). Pero también sabemos que por su desobediencia, Adán dejó de ser considerado hijo *huiós* de Dios Padre; y fue gracias a la fe en el Salvador que pudo "**volver a ser hijo** de Dios" en este sentido.[1] Así que, aunque siguió siendo hijo de Cristo por creación, volvió a ser "hijo" del Padre el Juez **por creer** en su nombre (Juan 1:12; Gálatas 4:28,31; 5:1; Efesios 5:8; 1 Tesalonicenses 5:5).

Por el pecado, Adán y sus descendientes llegaron a ser considerados "hijos del diablo" (Juan 3:10); "hijos de ira" (Efesios 2:3); "hijos de desobediencia" (2:2; 5:6) e hijos del malo (Mateo 13:38; 2 Pedro 2:14), es decir "bastardos y no hijos" de Dios (Hebreos 12:7,8; 1 Juan 3:10). Así que nosotros, los ángeles y toda criatura, incluyendo a Satanás, "no somos hijos de Dios a menos que lo seamos enteramente", pues es por medio de la "ofrenda" de Cristo, que "los **hijos de los hombres** se convierten en los **hijos de Dios**".[2]

De los 476 textos que hay en el N.T. donde "hijo" (*huiós-teknon*) tiene un sentido de dependencia, hay uno que parece no ajustarse a esta regla bíblica; y es necesario que lo consideremos. Está en Juan 5:18, y dice así: "Por esto los judíos aún más procuraban matarle porque [...] decía que Dios era su propio Padre, **haciéndose igual a Dios**".

Como el contexto nos dice que Cristo se estaba igualando al Padre por las obras (Juan 5:17, 19, 26), tenemos que determinar si decían que se hacía "igual a Dios" porque dijo que era "hijo", o porque su obra como "hijo" era igual a la del Padre. Cristo mismo nos responde, diciendo: "¿Vosotros decís: Tú blasfemas, porque dije: **Hijo de Dios** soy? Si no hago **las obras** de mi Padre, **no me creáis**" (10:36,37). "Voy al Padre, porque **el Padre mayor es que yo**" (Juan 14:28). "Subo **a mi Padre y a vuestro Padre**, a mi Dios y a vuestro Dios" (20:17). "¿No está escrito en la ley: Yo dije, **dioses** sois?" (10:34). "Yo dije: Vosotros **sois dioses** (*'elohim*), y todos vosotros **hijos del Altísimo**" (Salmos 82:6).

La prueba que Cristo presentó, para asegurar que es igual al Padre, no fue por el título de "Hijo de Dios" que también poseen los ángeles y los creyentes en Dios, sino por hacer las mismas obras del Padre omnipotente como "Hijo de Dios". Para él, su título "Hijo de Dios" no lo hacía igual al Padre, sino, al contrario, menor que él; y por lo tanto en una condición semejante a la nuestra. En esta condición, Dios era su Padre y su Dios, como lo es para todos los justificados; él era el "Hijo del Altísimo", como todos los verdaderos creyentes son "hijos del Altísimo". Con esto no se está negando su divinidad, porque fue anunciado como Emma**nuel.**

Por supuesto, como vimos, para los hebreos el título "Hijo de Yahweh" o "Hijo del Altísimo", como el "Ángel de Jehová" enviado del cielo, era un título de eminencia que merecía la honra más que cualquier otro "dios" (*'elohim*) e hijo del Altísimo (Salmos 2:12); pero **nunca igual a Dios el Padre**: el único Dios verdadero (Juan 8:41). Por eso, en su carta a los Hebreos, Pablo argumenta que a ninguno de sus ángeles (que son llamados "hijos de Dios":

[1] ———, *Profetas y Reyes,* (M. V., Calif.: Pub. Inter. 1957), p. 502.
[2] *CBA,* 5:1083.

Job 1:6; 2:1),[1] Dios les dijo jamás: "Yo **seré** a él Padre" (Hebreos 1:5). ¿Por qué no? Porque para todos los demás, que son sus criaturas, **ya** era su Padre. ¡Aquí está la gran diferencia que existe entre el "Ángel de Jehová" y los demás ángeles! Sin embargo, para los judíos llegó a ser blasfemia cuando Cristo unió ese título igualando sus "obras" con las de Dios. Y por eso, Jesús hizo la colosal pregunta: "Si David le llama **Señor**, ¿cómo es su **Hijo**?" (Mateo 22:45). Si ellos hubieran creído que "Hijo de Dios" es igual a "Señor" y "Dios", la pregunta dejaba de tener sentido.

Pero, si Cristo sabía que el título bíblico "Hijo de Dios" o "Hijo del Altísimo", era un título de eminencia que debía ser adorado (Salmos 2:12),[2] ¿por qué le dio el mismo valor que todo fiel "hijo de Dios" puede recibir? Veamos este asunto.

En 1 Corintios 4:15-17, Pablo escribió: "En Cristo Jesús yo **os engendré por medio del evangelio**. Por tanto, os ruego que me **imitéis**. Por esto mismo os he enviado a Timoteo, que es **mi hijo** amado y **fiel** en el Señor". Aquí, el apóstol relaciona el engendramiento y el llegar a ser "hijo", con la aceptación del evangelio y la fidelidad al Señor. Cuando Pablo estaba prisionero, le escribió cierto día a su amigo Filemón: "Te ruego por **mi hijo** Onésimo, **a quien engendré** en mis prisiones" (Filemón 10). Sabemos que Onésimo no fue hijo de Pablo, ni fue engendrado en esa prisión. Simplemente allí tomó la decisión de ser fiel discípulo del apóstol. Y así también fue como Cristo tomó en la eternidad la decisión —fue engendrado— de venir a mostrar cómo se puede ser fiel a Dios —Hijo de Dios.

Cuando Juan el Bautista presentó a Jesús como el "Cordero de Dios", estaba presentando al Dios eterno inmolado antes de la fundación del mundo. Sin embargo, el "Cordero" no significa Dios eterno, sino lo que él decidió ser desde la eternidad. Es un título de Dios, pero no significa Dios. Así también, el "Hijo de Dios" es un título de la segunda persona de la Deidad. Por lo tanto, hablar del Hijo de Dios es hablar de Dios. Pero en ninguna parte de la Revelación "Hijo" significa Dios.

Fue el Padre en el trono eterno que dijo: **"Yo le seré a él padre, y él me será a mí hijo.** Y si hiciere mal, yo **le castigaré con varas de hombres**, y con azotes de hijos de hombres" (Hebreos1:5; 2 Samuel 7: 13,14). No quiso decir que Jesús no era Dios, pero lo llegaría a ser por ser "Hijo de Dios".

Cuando Lucas habla de la genealogía de Jesús, llega a "Adán, hijo de Dios" (Lucas 3:38). Aquí está refiriéndose a la descendencia del Creador como "cuerpo" (Hebreos 10:5); como naturaleza humana a través de las generaciones y por creación del primer padre Adán.

---

[1] Algunos creen que los ángeles no son "hijos de Dios" porque son "hijos" los engendrados, no los creados. Pero para Dios son "hijos" tanto los creados, como Adán, y los engendrados: White, *DTG*, pp. 688,689. Por eso también son nuestros hermanos los hijos de Dios de los demás planetas habitados (Efe. 3:14,15; Job 2:1; 38:7; *PE*, 217).

[2] Para EGW "Hijo de Dios" generalmente es un título divino como "el Santo de Israel" y "el Cordero de Dios". Pero eso no significa que para ella "Cordero", "Santo" e "Hijo" significan igualdad con Dios, sino que se refiere a las características que posee el Hijo.

Pero también sabemos que Adán llegó a ser "hijo de Dios" en otro sentido, donde fue engendrado de Dios (Juan 1:13); y que este título lo perdió al pecar, para "volver a ser hijo de Dios" —Padre, el Juez— por arrepentimiento en el mismo día.

Cuando nace un bebé, en el cielo se registra su nombre en el libro de la vida como "hijo de Dios" del Padre Juez, en este sentido. Por eso, gracias al perdón por el pecado de ignorancia que pagó Cristo en la cruz, "de los tales es el reino de los cielos" (Mateo 19:14). Así también Jesús, al nacer, llegó a ser hijo carnal de Dios por medio de Adán. En realidad, el hijo del "Padre eterno" de Isaías 9:6; 64:8; es decir el hijo de la vida eterna de su propia divinidad (*Emanuel*). Pero vimos que antes de la creación era "Hijo eterno" y Mediador eterno por decisión, no por hecho. Aquí, desde que nació como **Hijo del Hombre** —de "carne y sangre"—, "**llegó** a ser" el "**Hijo de Dios**"; el Hijo espiritual del Juez Padre, y su nombre quedó registrado en el "libro de la vida". Pero, de acuerdo a la profecía de Natán, y conforme a lo que veremos después, Cristo llegó a serlo en forma condicional, como nosotros, hasta la resurrección.

Confirmando el sentido profético de todos los pasajes del A.T., respecto al título de "Hijo", Cristo se ganó este título; y entonces **llegó a ser** el "Hijo de Dios". El apóstol Pablo dice que este título "**lo heredó**", cumpliendo la profecía de Salmos 2:7: "Mi **Hijo** eres tú, yo te he **engendrado** hoy, y otra vez: yo **seré** a él Padre, y él me **será** a mí hijo" (Hebreos 1:4,5).

Si este título significa "igual a Dios", como asegura esta posición, Cristo habría llegado a ser igual a Dios recién desde la encarnación, para ganarlo definitivamente en la resurrección (Romanos 1:4). Además, los que sostienen esta teoría también deberían explicar por qué entonces el Hijo fue "**engendrado**" (Salmos 2:7; Proverbios 8:24,25. ¿Es que "engendrado" también significa igual a Dios? ¿Por qué, si es "Hijo" por ser igual a Dios, a Dios se le llama "**Padre**"? ¿Es que Padre también significa "igual a Dios"? ¿Por qué Cristo es Hijo "unigénito" —**único** en la Divinidad—, y por qué al Espíritu Santo, que es **igual** a Dios, nunca se le llama "**Hijo** de Dios"? Por último, ¿por qué todos los creyentes son llamados por Dios: "**hijos del Altísimo**" (Salmos 82:6; Lucas 6:35), y no son iguales al Padre celestial? Vemos que esta posición tampoco sabe explicar por qué Cristo es "Hijo de Dios".

Cristo es "hijo" por su fidelidad al Padre:

Como ya lo mencionara, cuando en el A.T. se refiere al Hijo de Dios, siempre nos presenta la relación Padre-Hijo en términos proféticos, no históricos: "Yo publicaré el decreto" (Salmos 2:7); "Yo le seré a él padre, y él me será a mí hijo" (1 Crónicas 17:13; 2 Samuel 7:14); él "me clamará" (Salmos 89:26); "le pondré por primogénito" (89:27); "confirmaré su descendencia" (89:4); "haré con vosotros pacto eterno" (89:3,4,26-28; Isaías 55:3; Hechos 13:34), y por lo tanto, "confirmaré su trono" (1 Crónicas 17: 12,14; Salmos 89:4). Es decir que en los días del rey David Cristo todavía **no** era Hijo de Dios. Hasta entonces el Hijo era sólo un "pacto eterno" con promesa.

Pero podemos preguntarnos: "¿Qué tiene que ver el pacto eterno de salvación con el título de "Hijo de Dios"? Es que, justamente no se ve esta relación, porque es común que se crea que Cristo es "Hijo eterno" **por naturaleza** y no por "**pacto eterno**". Pero cuando Lucas escribe en Hechos 13:33,34, señalando el cumplimiento de este "pacto eterno" en la resurrección de Cristo, cita "el salmo segundo: Mi hijo eres tú, yo te he engendrado hoy"; para añadir la cita de Isaías 55:3, donde allí también se afirma que se trata de un **pacto**, y no de una descripción de la naturaleza del Hijo: "Inclinad vuestro oído [es decir, "presten atención e investíguenlo" (Apocalipsis 2:7,11, 17,etc.)], y venid a mí; oíd, y vivirá vuestra alma; y **haré con vosotros pacto eterno**, las misericordias firmes de David" (Salmos 89:26,28,34; Isaías 55:3). Esta bendita esperanza del rey David, era la profecía que había recibido de Natán acerca del Señor que vendría como "**hijo**", para sentarse luego en su trono **eternamente** (2 Samuel 7:13, 14; 1 Crónicas 17:12-14; Salmos 89:26, 28, 34). Por lo tanto David entendió que se trataba de un Rey eterno, no humano.

Pero, aunque el A.T. nos dice con insistencia que la segunda persona de la Deidad sería generada como Hijo en un día futuro, y no en algún momento pasado de la eternidad, en el salmo segundo se nos revela por qué, entonces, el "Hijo" es llamado el "Hijo eterno": "Yo **publicaré el decreto**; Jehová me ha dicho: **Mi hijo eres tú; yo te engendré hoy** [...] **Honrad al Hijo**, para que no se enoje, y perezcáis en el camino" (Salmos 2:7-12).

¿Observó el detalle? Aunque el decreto de ser generado se cumpliría en el futuro —confirmado por los profetas del N.T. (Hechos 33:13,14; Romanos 1:4)—, Dios pedía que los creyentes lo honrasen como "Hijo" desde entonces. Es decir, que Cristo **ya** se llamaba "Hijo" por decreto, por pacto eterno desde antes de la fundación del mundo (Proverbios 8:23-6), pero **no por hecho**. Y ese "decreto"; ese "pacto", ya se había preparado desde la eternidad. Por eso es un "pacto eterno"; y **por eso Cristo es "Hijo eterno",** "Cordero" eterno y "Mediador" "desde la eternidad".

Cristo "era Dios", no un "Hijo". Tampoco era un "Mediador", porque el pecado no es eterno. Pero fue en un momento de la eternidad, cuando se tomó la decisión de que una de las tres personas divinas llegaría a ser "Hijo" y "Mediador", para cumplir el "pacto" que hicieron. Es por esa misma decisión eterna, "que fue inmolado desde el principio del mundo" (Apocalipsis 13:8), cuando en realidad se cumplió el año 31 d.C. Ya se llamaba "Cordero inmolado", pero era solo un pacto, no un hecho. Después llegó a ser Hijo como nosotros cuando estamos justificados, es decir por descendencia y por obediencia (se entiende que Cristo fue justo sin necesidad de ser justificado, perdonado). Esto explica por qué podemos ser "**coherederos** con Cristo" (Romanos 8:17).

POR QUÉ EL "HIJO DEL HOMBRE" LLEGÓ A SER EL "HIJO DE DIOS"

Antes de nacer, se profetizó de Jesús: "Y tú, niño, profeta del Altísimo **serás** llamado" (Lucas 1:76); "y **será** llamado Hijo del Altísimo [...] **será** llamado Hijo de Dios" (1:32-35).

Al nacer como un ser humano, **llegó a ser** en un nuevo sentido el Hijo de Dios, y "profeta del Altísimo".

Pero Cristo no nació profetizando, ni con el título de "Hijo de Dios" en sus manos. Como todo niño que nace de padres creyentes (1 Corintios 7:14), se registró su nombre en el libro de la vida del cielo (Mateo 19:14). Pero, ya vimos que este título de "Hijo de Dios" le fue dado en forma condicional: "Y **si** él hiciere mal, yo le castigaré con vara de hombres, y con azotes de **hijo de hombres**" (2 Samuel 7:14). Como sabemos, este "azote" es la paga del pecado; es decir la "muerte" (Romanos 6:23). Siendo consciente de esta condicionalidad, Cristo dijo: "Y yo, **si fuere** levantado de la tierra..." (Juan 12:32).

Cuando Adán y Eva pecaron, perdieron el título de hijos de Dios. Esto significaba para ellos la muerte segunda, que es la muerte por la culpa del pecado. Pero en el mismo día del hecho volvieron a ser "hijos" por el perdón de Cristo.[1] Por eso, aunque no se libraron de las consecuencias, que es la degeneración y la muerte primera, en ese día fueron salvados de morir la muerte que se reserva para el juicio final, es decir la muerte segunda (Apocalipsis 20:5,6). Esa es la causa por qué se cumplió lo que Dios había dicho en Génesis 3:3.

Los judíos creyentes no captaron este nuevo sentido de "Hijo de Dios". Conociendo la profecía de Samuel al rey David, creyeron que el Mesías sería el que vendría como descendiente del dios (*'elohim*) David (Mateo 9:27; 12:23, etc.), para ocupar su trono como el emperador del mundo. Así que, cuando se presentó como "Hijo" del Padre que está en el cielo, igualándose en la obra que puede realizar, inmediatamente lo acusaron de blasfemo (Mateo 26:63; 27:40,43,54, etc.).

Sin embargo, la condicionalidad que señala 2 Samuel 7:14; la duda que Satanás quiso ofrecer a Jesús en el desierto de la tentación (Mateo 4:3,6), y la condicionalidad que el mismo Señor Jesús manifestó antes de su muerte (Juan 12: 32), llegaría a ser "firme", "estable eternamente", y confirmado "con poder" recién "por la resurrección de entre los muertos" (Rom. 1:4; Hechos 13: 33,34; Hebreos 1:4, 5,8; 5:5). Por eso EGW escribió que Cristo vino como "Hijo", porque vino "**para ser probado y examinado** [...] En su encarnación, **ganó** en un nuevo sentido **el título de Hijo de Dios**".[2]

Como Jesús vino para ganarse ese título, tenía la costumbre de llamarse a sí mismo el "Hijo del Hombre", diciendo que "ninguno hay bueno sino uno: Dios" (Mateo19:17). En el sentido carnal, era el "Hijo del Hombre", es decir como nosotros (Salmos 144:3; Isaías 51:12: Ezequiel 3:14; Marcos 3:28; Efesios 3:5), porque era el "hijo de un ser humano" de "carne y sangre" (Hebreos 2:14). Es decir humano, hombre —"carne"— (5:7; 10:20; Isaías 40:5; Mateo 16:16,17; Juan 3:6,7; Romanos 7:5; 8:1,9,10; Gálatas 1:16; Efesios 6:12), y descendiente o hijo carnal del hombre en condición caída —"sangre"— (1 Corintios 15:50; Mateo 16:17; Hechos 17:26; Gálatas 1:16; Efesios 6:12).

Hay estudiosos que creen que cuando Cristo se nombra a sí mismo como "el Hijo del Hombre", no se refiere a su naturaleza humana sino a un título mesiánico. Pero la Revelación

[1] White, *PP*, p. 52.
[2] *MS*, 1:265,266.

no apoya esta teoría, pues el "hijo del hombre" es siempre un ser humano (Números 23:19; Job 25:6; Salmos 8:4; 144:3; Hebreos 2:6), o uno semejante a "un hijo de hombre" (Daniel 7:13; Apocalipsis 1:13; 14:14). Cuando en Mateo 26:64,65 el sumo sacerdote dijo que Jesús blasfemaba, fue porque él dijo que lo vería sentado a la diestra del Padre.

Esto significa que por "las tendencias hereditarias" que recibe toda naturaleza nacida de la sangre y de la voluntad de la carne, el **hijo del hombre** y el **Hijo del Hombre** no pudo ni puede heredar el reino de Dios sin la transformación o la resurrección.[1]

Algunos que mantienen la doctrina del pecado original de Tertuliano, Orígenes y Agustín, aseguran que Cristo no era Hijo del Hombre sino Hijo del Espíritu Santo, porque "lo que en ella [María] es engendrado, del Espíritu Santo es" (Mateo 1:20). Pero el Espíritu no tiene sexo ni obró como varón dando vida al "YO SOY" anonadado, sino que preparó "un cuerpo" (Hebreos 10:5).[2] No el bebé Jesús, sino lo que podríamos decir, la célula reproductora que unió con un óvulo de María. Por eso Jesús se llamaba "Hijo del **Hombre**", no del Espíritu Santo. Si la parte humana de Emanuel no hubiera sido "de la descendencia humana", Cristo no podría haber sido nuestro ejemplo, ni nuestro Sumo sacerdote (Hebreos 4:15,16).

La obra que realizó el Espíritu de Dios fue sólo colaborar tanto en la encarnación como en la resurrección (Juan 10:17; 5:26), debido a que el Creador había anonadado su divinidad; y ésta estaba entonces en un estado latente, dormida. Jesús la pudo despertar y usar después cuando estuvo consciente; y sólo con el permiso del Padre (Juan 11:41-44); nunca para "su propio beneficio", a fin de que nadie pudiera decir que no vivió y venció en nuestra condición.

Pero, ¿no es Cristo tan Omnipotente como el Padre y el Espíritu? Por supuesto que sí. Pero él tuvo que nacer, vivir y morir en nuestra condición, con la posibilidad de no volver a la vida, en caso de que el Juez Supremo así lo decidiera. Él podía preparar las cosas como nosotros, cuando recurrimos a un despertador para despertarnos, en caso de que el Espíritu Santo no despertara su divinidad dormida (2 Corintios 4:14). Pero si Jesús lo hacía, no habría tenido ningún riesgo en el momento de morir; y ésta no es la condición de los creyentes. El gran Acusador hubiera argumentado que Jesús no reunía ante Dios el Juez todas las condiciones del ser humano, y por lo tanto no podía ser tomado como fiel Pontífice.

EGW explica la condición de Cristo en el Getsemaní, cuando Satanás comenzó a cargar sobre él los pecados del hombre, siendo que él, al no pecar nunca, no estaba acostumbrado: "Sintiendo quebrantada su unidad con el Padre, temía que su naturaleza humana no pudiese soportar [...] Frente a las consecuencias posibles del conflicto, embargaba el alma de Cristo el temor de quedar **separado de Dios** [...] Quedaría identificado con el reino de Satanás, y **nunca más sería uno con Dios**".[3]

Si Dios el Juez de todos (Hebreos 12:23), como se había pactado en la eternidad, encontraba un solo pecado en Cristo, no hubiera dado la orden de despertar la divinidad de

---

[1] ———, *El Discurso maestro de Jesucristo*, (California, Pub. Inter., 1957), p. 119.
[2] *DTG*, p. 14.
[3] Ibid., pp. 637,638.

Cristo, y nunca más volvería a saber que estaba dormido en una tumba de Jerusalén. Habría permanecido allí como un Ser divino dormido, junto a los restos del Hijo del Hombre, para no volver al trono por toda la eternidad. Esto explica por qué tuvo que intervenir el Espíritu de Dios despertando al "YO SOY", para que Cristo y no el Espíritu, diera la vida al Hijo del Hombre y la volviera a tomar (Juan 10:17). Es impresionante hasta dónde tuvo que llegar el Todopoderoso, a fin de salvar a sus hijos perdidos, y al mismo tiempo guardar fielmente la Ley universal. Hubiera sido fácil para la Deidad transgredir su Ley eterna y evitar todos estos problemas en la tierra.

Pero Cristo generalmente se llamaba "Hijo del Hombre" como pronombre personal: "yo" (Mateo 8:20; 9:6; 11:19; 25:31, etc.). Por ejemplo, en Mateo 25:31 no quiso decir que su "carne y sangre" (cuerpo mortal) heredaría el cielo y vendría de esa manera (1 Corintios 15:50), sino: "Cuando **yo** venga en gloria"; o con el "cuerpo de la gloria suya" (Filipenses 3:21) "sin relación con el pecado" (Hebreos 9:28).

"Hijo de Dios" por el bautismo:

Pero cierto día, el "Hijo del Hombre" fue llamado públicamente por su Padre: "Hijo de Dios" (Mateo 3:17). No como "Hijo" de "carne y sangre", pues ya lo era, sino de Dios Padre (Juan 1: 12,13). Eso ocurrió cuando dio ejemplo para que todos los que quieran pertenecer al pueblo de Dios, lo hagan mediante el símbolo bautismal. De esta manera, por el ejemplo y por la sangre del Salvador, todos los hijos de los hombres se convierten en los hijos de Dios.

Carnalmente, somos hijos de Cristo, como Creador, a través de Adán. Pero en este nuevo sentido que menciona Juan, espiritualmente "hijos de Dios" Padre, "el juez de todos (Hebreos 12:23) —incluso el Padre de Jesús cuando estaba siendo probado (Juan 20:17). Entonces el título que recibió Jesús en el bautismo, fue el mismo que reciben todos los creyentes que son bautizados en nombre de la Deidad. Por lo tanto, no fue por la acción de un buen "hijo de hombre", llamado Jesús, que en el bautismo recibió de Dios un título divino por adopción, como creen los adopcionistas[1]. Al contrario: Cristo es el "YO SOY" hecho "Hombre", que adoptó un nombre común entre los creyentes —aunque de mucha significación—, para que con este título de "Hijo de Dios" se resumiera lo que hizo Dios por nuestra salvación y para seguridad del universo.

"Hijo de Dios" por permanecer en las obras de obediencia:

El Señor dijo a los teólogos de su tiempo: "Vosotros decís: Tú blasfemas, porque dije: **Hijo de Dios** soy? Si no hago **las obras de mi Padre**, no me creáis. Mas **si las hago** [...] el Padre está en mí, y yo en el Padre" (Juan 10:36-38).

"Y Moisés a la verdad fue **fiel** en toda la casa de Dios [...] pero **Cristo como hijo sobre su casa, la cual casa somos nosotros, si retenemos firme hasta el fin la confianza**"

[1] Teodoto creyó contrarrestar el gnosticismo, con la hipótesis de que Jesús hombre recibió en el bautismo la emanación del "Espíritu" de Dios Padre.

(Hebreos 3:5,6). Aquí Cristo es el **"hijo sobre"** los hijos de Dios, como ejemplo de retener con firmeza la **fe** hasta el fin; y nos invita a obrar con amor "para que seáis **hijos de vuestro Padre que está en los cielos**" (Mateo 5: 44,45).

Así que el "Hijo sobre su casa" confirma a todos los pueblos que le siguen y le obedecen, que "serán **llamados hijos del Dios viviente**" como él (Romanos 9:26). Por eso Cristo era Hijo del Hombre e Hijo de Dios. Era la garantía para el hombre, por haber nacido y vencido en nuestra condición caída, y el embajador para Dios por reflejar fielmente el carácter del Padre.

"Hijo de Dios" desde la resurrección, por su victoria en santidad:

Cuando Cristo exclamo: "Consumado es" y murió enseguida, todo el universo se pronunció con una exclamación de alegría, pues Jesús pudo concluir su tarea en la tierra como "Hijo del Hombre"; y dejó de ser considerado por el Padre "Hijo de Dios" en forma condicional. La prueba había concluido y había salido victorioso. Pero, como "Dios no es Dios de muertos" (Marcos 12:27), el Padre reservó el "diploma" de "Hijo de Dios sobre su casa" para el momento de la resurrección.

Jesús pudo probar ante el universo, que el hombre puede guardar la ley de Dios. Nada de la condición de Hijo era distinta a nuestra condición, salvo su divinidad que estaba "anonadada en él para que no actuaran dos personas a la vez. Persistió en todo momento en el "espíritu de santidad" que se requiere, para que todo "hijo del hombre" pueda ser llamado "hijo del Altísimo". Así fue como Cristo "fue declarado **Hijo** (*huiós*) **de Dios con poder**, **según el espíritu de santidad, por la resurrección** de entre los muertos" (Romanos 1:4).

Éste fue el día señalado desde la eternidad como promesa, que entonces llegó a ser un hecho consumado: "Mi hijo eres tú, **yo te engendré hoy**. Y en cuanto a que le levantó de los muertos para nunca más volver a corrupción, lo dijo así: Os daré las misericordias fieles de David" (Hechos 13:33,34). En lugar de ser castigado con azotes de hijo de hombre, fue proclamado con autoridad y con derecho indiscutible, que Cristo es el "Hijo del Altísimo", y el hermano mayor de todos los "hijos del Altísimo".

Hoy, todos los creyentes en el Hijo de Dios podemos ser justificados y hechos nuevas criaturas como "hijos" (*huiós*); hijos genuinos de Dios (2 Corintios 5:17,21). Pero, debido a que no hay justo que haga el bien y no vuelva a pecar (Eclesiastés 7:20), seguimos siendo "hijos" adoptados bajo condiciones (hijos *teknon*) hasta el sellamiento final. Entonces, cuando nuestra vida concluya y seamos victoriosos, Dios nos entregará el diploma que tanto esperamos. Será bajo las mismas condiciones que lo recibió el Señor Jesús, porque se trata del mismo título de eminencia: "Porque no pueden ya más morir, pues son iguales a los ángeles, y **son hijos** (*huiós*) **de Dios, al ser hijos de la resurrección**" (Lucas 20:36). Se entiende que también será para los que queden vivos cuando Jesús regrese, cuando sean transformados en perfección (1 Tesalonicenses 4:16-18).

Pero, aunque recibiremos el título que recibió Cristo, siendo así "**coherederos** con Cristo", no será exactamente el mismo, pues él es el "Hijo unigénito"; "el soberano de los reyes de la tierra" y "el primogénito [*protótocos*)] de entre los muertos, para que **en todo**

tenga la preeminencia" (Apocalipsis 1:5; Colocenses 1:18), y "como **Hijo sobre su casa**" (Hebreos 3:5,6).

Cristo es el primero y el principal (*protótocos*) de los muertos que al resucitar fueron y serán llamados "hijos de Dios", porque gracias a su resurrección por su vida de santidad (Romanos 1:4), todos los santos desde Abel, el primero de los justos muertos, obtienen el derecho a ser resucitados. "Y **si hijos**, también herederos; herederos de Dios y **coherederos con Cristo**" (Romanos 8:17).

Cristo fue llamado "Hijo", porque en la resurrección llegó a ser "coheredero" de la glorificación con los "hijos de Dios". Es decir que el "Soberano" de todos los mundos llegó a ser un "hijo"; ¡un **heredero de su propio reino!**. Esto sigue siendo el asombro de toda la creación. Y aquí se explica por qué **siendo "Señor", llegó a ser el "hijo" del Señor**; el heredero de su propio reino universal. Esta es la respuesta a la pregunta que había hecho Cristo a los estudiosos de sus días (Mateo 22:42-46)…y para nosotros hoy.

Una representación del "reino futuro":

En el llamado "monte de la Transfiguración", Jesús se vistió con el ropaje de gloria de la segunda venida como un ejemplo de lo que esperamos. Entonces se iniciará el reino de la gloria de la familia de Dios. Sobre el monte fue representado el reino futuro de gloria en miniatura: Cristo el Rey; Moisés, representante de los santos resucitados, y Elías, representante de los justos que serán trasladados. Entonces se oyó "una voz desde la nube, que decía: **Este es mi Hijo amado**, en quien tengo complacencia; a él oíd" (Mateo 17:5).

Jesús pudo saber que hasta ese momento su vida había sido aprobada por Dios el Juez, pues su Padre lo había considerado "Hijo" suyo, como lo había hecho al principio de su ministerio (Mateo 3:17). Seguramente esto le dio fortaleza para la parte más difícil de su ministerio terrenal.

La fusión de sus dos naturalezas:

Cuando Cristo se encarnó, llegó a ser Emanuel, "con nosotros Dios" (Mateo 1:23); y el mismo Emanuel vino a morir en la cruz, porque "ambas naturalezas fueron misteriosamente **fusionadas** en una sola persona: el Hombre Cristo Jesús". Pero, si estaban fusionadas, ¿por qué no murió la naturaleza divina? Y si la divina no podía morir, ¿por qué murió la que estaba fusionada a ella? EGW lo explica así:

"La divinidad y la humanidad estaban combinadas en Cristo. **La divinidad no se degradó hasta la humanidad**".[1] "Cristo tenía dos naturalezas, la naturaleza del hombre y la naturaleza de Dios […] y **manteniendo cada naturaleza separada.**"[2]

La Deidad no se hizo humana, ni lo humano se hizo divino por la unión de estas dos naturalezas. Entonces, ¿qué es lo que se fusionó de las dos naturalezas?

---

[1] *MS,* 1:478 [409].
[2] *The General Conference Bulletin*, Octubre 1, 1899.

Como en esa fusión ambas naturalezas permanecieron intactas, cuando Cristo despertaba su divinidad, con el permiso del Padre el Juez, sabía todo. Y cuando no, no sabía ni la fecha de la segunda venida que había revelado a Daniel (Daniel 12:8,9; Mateo 24:36). Pero había algo que de su divinidad se unió al "cuerpo preparado" por el Padre y el Espíritu, para que nadie dijera que él se lo preparó a su conveniencia (Hebreos 10:5), y de ese modo la divinidad y la humanidad quedaron fusionadas.

La *best seller* EGW escribió: "Bendijo al mundo viviendo en la carne humana **la vida de Dios**, demostrando así que tenía poder **para unir la humanidad con la divinidad**.[1]

Por eso el que se encarnó fue llamado "Jesús", que dijo: "Antes que Abraham fuese, YO SOY" (Juan 8:58): el que nació de María ya tenía vida eterna. Queda claro, entonces, que la vida eterna de Dios, fue el medio de fusión de las dos naturalezas. Así como el Espíritu nos retoma la vida eterna de Dios, separándonos de ella en la muerte, así separó la vida del Dios Hijo de su cuerpo, hasta que en la mañana de la resurrección la divinidad de Cristo fue despertada, y Cristo mismo, con su vida eterna entonces despertada, resucitó la humanidad, para fusionarla otra vez con su divinidad (Juan 10:18).

Así que tampoco al nacer en Belén recibió la vida del Padre, o del Espíritu Santo cuando le preparó el "cuerpo" (Hebreos 10:5). Cristo "vivió el carácter de Dios en el cuerpo humano que Dios le había preparado. Ésta fue "la naturaleza que adoptó junto al trono de Dios" —podríamos decir la célula reproductora masculina humana dentro de su divinidad— y que el Espíritu Santo unió con el óvulo de María en este mundo.

Por lo tanto, ese "cuerpo" preparado en el cielo e introducido por el Espíritu en María, no era un feto o un cuerpo humano completo, por el cual María sólo prestó su vientre, como creen algunos. Es fácil saber que ese "cuerpo preparado" no era la "carne y sangre" de Jesús, porque en este caso Dios hubiera sido el autor de un ser degradado por 4000 años de degeneración, donde la "la carne y la sangre no pueden heredar el reino de Dios" (1 Corintios 15:50).

De hecho, Jesús murió sin culpa por haber "nacido de mujer, nacido bajo la Ley" (Gálatas 4:4), en "la carne y la sangre" de 4.000 años de historia de pecado. Es verdad que no podía ir así al cielo sin una transformación, además de morir sin ser culpable por nuestras culpas. Pero debemos tener en cuenta que hay pecados de culpa y sin culpa, y por eso hay dos clases de expiaciones. Esto no lo tuvo presente la mayoría de los estudiosos cristianos. Por eso no pueden entender por qué Cristo nació con un cuerpo degradado por 4000 años de pecado sin ser pecador.

Entonces, el Hijo del Hombre nació con la unión de un cuerpo humano preparado con su vida eterna. Por eso Cristo era "Emmanuel, Dios con nosotros" (Mateo 1:23). Nosotros tenemos un cuerpo humano unido a una vida eterna del Dios eterno, pero con una gran diferencia: No somos Emanuel, porque, aparte de que no tenemos cualidades divinas, esta vida eterna y divina —o soplo divino— que poseemos es una energía de vida prestada, no nuestra. Por eso en la muerte vuelve a Dios que la dio (Eclesiastés 12:7).

---

[1] *Review and Herald,* 25-6-1895.

El Hijo "unigénito":

La palabra "unigénito", que en el N.T. aparece 7 veces y 2 veces como hijo "único", del griego *monogenés,* se la ha confundido con *Monogennao*: (único engendrado). *Monoge nés*, de *mono:* único, y *genos*: clase, tipo), significa único en su clase; único en llegar a ser. Cristo es llamado el *monogenés*, porque es el "único" Hijo del hombre que no se apartó del Padre. Todos los demás tuvieron que ser llamados "hijos de Dios" por adopción (Gálatas 4:5). Pero *monogenés* no solamente significa "único en llegar a ser" en número (Lucas 7:12; 8:42; 9:38; Hebreos 11:17), sino también único porque no tiene otro igual. Cristo es el único "hijo" que llegó a la existencia gracias a la vida inherente que ha poseído eternamente como el Padre y el Espíritu Santo (Proverbios 8:23,24; Miqueas 5:2; Isaías 9:6; 43:10,11; Juan 5:26; 10:18).

Los cristianos deben tener bien en claro que Cristo no es "Hijo eterno" de Dios y Cordero eterno por naturaleza, sino por pacto eterno (Salmos 89:3,4,26-29; Isaías 55:3); y sólo "en un sentido", es decir en parte, al nacer en Belén. Por lo tanto, en ningún momento de la eternidad Cristo llegó a ser "Hijo de Dios" por naturaleza del Padre, pues vivió la humanidad en el cuerpo preparado, con la vida que ya tenía **de sí mismo** desde la eternidad (Jehová). Y en un sentido más pleno, llegó a ser "Hijo" por su fidelidad al Padre como "Hijo sobre su casa" (iglesia); es decir como "**co**heredero" de los salvados. Si aceptamos esta verdad revelada, llegamos a comprender uno de los mayores misterios que todavía cubre a la cristiandad como un manto negro.

¿Cristo fue doblemente engendrado?

Desde el Concilio Ecuménico de Nicea y por decisiones posteriores de la Iglesia Católica, el protestantismo y la mayor parte de la cristiandad sostiene que Jesús es "Dios ver dadero, engendrado no creado consubstancial al Padre".[1]

Y por el segundo Concilio Ecuménico en el año 381, en Constantinopla, sostienen: "La iglesia reconoce así al Padre como 'la fuente y el origen de toda la divinidad".[2] Y aclara que Jesús "fue engendrado, no creado".

Es sorprendente que después de tantos años de discusiones medievales, persecuciones y miles y miles muertes por combatir contra los arrianos, todavía se mantenga casi la misma herejía: Que el Hijo de Dios es Hijo por engendramiento del seno del Padre, y por lo tanto Dios Padre es el único verdaderamente eterno. Y si fue engendrado antes de la fundación de este mundo, luego fue doblemente engendrado: Primero por el Padre antes de la creación, y segundo en Belén de Judea en el año 4 aC. Isaías 43:10,11 condena esta herejía.

Nuevas conclusiones:

---

[1] Catecismo, CIC, 465, p. 66.
[2] Ibid., 245, p. 47.

Por lo que vimos en la Revelación acerca del significado de "Hijo de Dios", podemos llegar a las siguientes conclusiones:

1° "En Cristo hay vida original, que no proviene ni deriva de otra". Él es "Yo Soy el que Soy" como el Padre y el Espíritu Santo. Es el que siempre existió por sí mismo; por eso él mismo dijo: "Antes de mí no fue formado Dios, ni lo será después de mí". Por lo tanto, Cristo no pudo haber sido engendrado en naturaleza, sino en otro sentido.

2° Cristo no es "Hijo de Dios" porque fue generado dos veces; porque recibió este título al sentarse en el trono, o porque "Hijo" significa "igual" a Dios. Cristo es "Hijo eterno" y "Mediador" eterno por "pacto eterno". Es decir que es el "Hijo eterno" por decisión eterna entre las tres personas de la Deidad. En ninguna parte de la Revelación se nos dice que Cristo es Hijo eterno de Dios por sustancia o naturaleza.

3° Cristo fue llamado "Hijo del Altísimo" desde su nacimiento como Hijo de Hombre. Pero fue "Hijo" condicional "para ser probado y examinado"; por eso él prefería llamarse a sí mismo "Hijo del Hombre". En el bautismo, Dios le confirmó el título recibido; y el Hijo probó que lo merecía por permanecer fiel al Padre hasta la muerte. Así que, cuando el Hijo del Hombre fue resucitado, fue declarado por el Padre —como "Juez de todos"—: "**Hijo de Dios** con poder", es decir por derecho; por su vida de perfecta "santidad". Así, el eterno Dios que llegó a ser "el hijo de un ser humano**, llegó a ser** en un nuevo sentido el Hijo de Dios" con autoridad indiscutible.

4° Aunque "Hijo de Dios" siempre fue un título de eminencia, como lo es también "el Cordero de Dios" o "Cordero inmolado" y "el Santo de Israel", no significa "Dios", sino un "siervo" fiel que merece ser "engendrado" con el nombre de la gran familia de los cielos. Por eso no sólo Cristo, nuestro hermano mayor, se "ganó" este título —*huiós*—, sino todo creyente que será transformado o resucitado. "Y si hijos, también herederos; [...] **coherederos con Cristo**" (Romanos 8:17).

5° Lo que asombra a toda la gran familia de los cielos y la tierra, es que entre los herederos del reino, esté también el Rey del universo como "Hijo sobre su casa". Esto explica por qué la segunda persona de la Deidad es "**Señor**", el *YaHWeH*; el YO SOY porque siempre **es**, y al mismo tiempo puede ser llamado "**Hijo**" del Señor. Por qué es el Soberano Universal, y a la vez el heredero de su propia soberanía, es decir nuestro "**coheredero**".

DIOS ES PLURAL, PERO NO ES TRES DIOSES

A esta altura de la investigación, ya es indiscutible que la Divinidad bíblica no es la judía ni la que sostiene la mayoría del cristianismo: Ella está constituida por tres verdaderas personas, "tres Seres" de una misma naturaleza divina, donde cada uno de ellos es YO SOY, Jehová, Señor y Dios. Son tres "eternos dignatarios celestiales"; "tres personas" divinas y "personajes distintos", con vida corporal eterna y "original que no proviene ni deriva de otra". Esto explica por qué, a pesar del concepto hebreo que tenían los escritores bíblicos, la Triunidad se presentó a sí misma como Dios plural *'Elohim*, acompañada con verbos y pronombres en plural.

¿Por qué, entonces, en la Revelación, el Dios claramente plural *'Elohim* nunca llega a ser Dioses? Es fácil entender que los escritores trataron de evitar choques innecesarios con sus conciudadanos. Por eso, al tratar de nombrar a las tres personas en una misma declaración, nunca escribieron más de una vez los títulos "Dios" o "Señor". Vimos que sólo Cristo se dispuso a hacerlo, repitiendo "Señor" dos veces cuando citó dos declaraciones del A.T. (Deuteronomio 6:4-Mar. 12:29; Salmos 110:1-Mateo 22:44). Pero, si bien esto es cierto, no responde cabalmente a la pregunta, pues también es fácil entender que esta pluralidad divina se la presenta en el A.T. en forma insistente con una "**unidad**" *'ekjad*. Y en el N.T. con la unidad *heis*: "**uno** somos", dando a entender que "obran juntos [...] Están unidos". ¿Por qué, entonces, se insiste tanto en la "unidad" de la Deidad?

Podemos presentar el argumento de que esta "unidad" es la misma que Cristo pidió a sus discípulos, cuando dijo: "Que **sean uno**, así como **nosotros**" (Juan 17:11). Y pueden comparar las expresiones: "**sean** uno" con "uno [...] **nosotros**" y "uno **somos**" (10: 30), para indicar que no se trata de una "unidad" de persona, de ser, sino de propósitos y acciones. Por eso Cristo no dijo en esa declaración: "**Eres** uno" y "uno **soy**", sino "**sean** uno" y "uno **somos**", como **seres** humanos y **Seres** divinos respectivamente. Por lo tanto podemos concluir que, si cada Ser divino es en sí mismo verdadero Dios, luego serían tres Dioses. Pero, como lo adelanté, esto no es verdad y nunca lo dice la Biblia. ¿Entonces? Debemos detenernos para examinar el problema con más profundidad.

La primera clave bíblica que explica por qué cada una de las tres personas de la Deidad es "Dios", y sin embargo la unión no llega a formar tres Dioses, está en el empleo de la palabra hebrea *'ekjad*. Veamos dos ejemplos esclarecedores:

En Génesis 2:24 tenemos a un "hombre" y a una "mujer". Cada uno de ellos es una persona; una "carne", un ser. Pero las dos personas o carnes (plural) llegan a ser una "carne" singular, determinada por la expresión hebrea *'ekjad*. Esto no ocurre porque dejan de ser personas y se transforman en semi-personas o las personas aparentes de Tertuliano y de Agustín de Hipona. Por eso se pueden divorciar y ser otra vez dos personas separadas como antes. Entendemos, pues, que son dos seres en una unidad matrimonial *'ekjad*. Entonces, ¿por qué la Deidad bíblica dejaría de ser una unidad *'ekjad* si creemos que son "tres personas" de verdad, es decir tres "seres" unidos? Se pueden unir en propósitos y en carácter pero no en persona. Y gracias a esta clase de unión los tres seres formen "un solo Dios" *'Elohím*.

La segunda clave se encuentra cuando Cristo dijo: "Sed, pues, vosotros perfectos, como vuestro Padre [...] es perfecto" (Mateo 5:48). Él no quiso decir que el hombre debe llegar a la perfección de Dios, pues esto es imposible (Job 11:7); sino perfectos al nivel humano como Dios lo es en el suyo.[1] Entonces, debemos entender que la "unidad" que se puede lograr con la perfección del hombre (Efesios 4:12, 13), nunca será la "unidad" de la Deidad.

---

[1] White, *MS,* 1:395.

Tres gobernantes humanos unidos, son siempre tres gobernantes, pues debido a las imperfecciones, no hay dos personas que piensen exactamente igual. Los cuatro apóstoles que escribieron los evangelios los escribieron en plena unidad de propósitos, pero, como resultado, dieron cuatro distintos testimonios; mostrando cada uno sus intereses, sus emociones, su nivel intelectual; es decir su marcada individualidad. Y esto no ocurrió antes del Pentecostés, sino cuando ya poseían todo el poder unificador del Espíritu Santo.

En la Divinidad también hay más de una persona. Pero el conocimiento, el sentimiento y la capacidad que poseen para expresar su personalidad, se presentan en la perfección absoluta, por lo tanto su unidad llega a ser absolutamente **una sola.** Me refiero a la unidad en perfección, no de existencia. Esta "unidad" divina es todavía más profunda, pues las tres personas poseen absolutamente **el mismo modelo** de carácter. Jesús lo explicó así: "El que me ha visto a mí, ha visto al Padre" (Juan 14:9). Frente a un mismo hecho, las tres personas reaccionan exactamente de la misma manera, porque **son tres seres en un solo carácter**.

Y dando un paso más —dentro de lo poco que se nos ha revelado y que podemos entender—, las tres personas son una "unidad" por poseer la capacidad divina de leer el pensamiento de toda criatura, incluyendo los pensamientos más profundos de la mente de cada miembro de la Deidad (1 Corintios 2:10,11). Con esto entendemos que lo que piensa y siente una persona divina, lo piensan y lo sienten las otras dos, como si se tratara de una misma y **única mente.** Esto, a pesar que siguen siendo personajes **distintos**.

Esto significa que, cuando Jesús ascendió físicamente al cielo y se sentó en "la sala del trono", "al lado" del Padre, cumplió su declaración: "Voy al Padre, y no me veréis más [hasta el fin del mundo]" (Juan 16:10). Pero también cumple la declaración: "Y he aquí yo estoy con vosotros todos los días, hasta el fin del mundo" (Mat. 28:20). No nos encontramos aquí dentro de un misterio típico de Babilonia. No se trata de una incoherencia, sino de una revelación: Aunque estorbado por la humanidad, Cristo **no** podía estar en todo lugar **personalmente**, **por el Espíritu** el Salvador **sería accesible** a todos.

Al conocer Cristo lo profundo de la mente del Espíritu Santo, todo lo que él ve, oye, habla, siente, planea y decide aquí en la tierra, lo piensa y siente Cristo desde el trono. Es como si él mismo estuviera aquí. Sin embargo no lo está personalmente, porque es otra persona, "otro" Ser consolador que permanece en el trono.

Entendiéndolo así, cuando decimos que "Dios es amor", podemos estar refiriéndonos indistintamente a una de las tres personas divinas (*'El*), o a la Trinidad (*'Elohim*). Con esto no negamos que sean tres distintos seres; tres personajes verdaderos. Lo que sí negamos, es que la "unidad" de la Deidad sea comparable a la unidad de la esfera humana.

Es probable que, cuando los profetas escribieron declaraciones como ésta: "En **el nombre** del Padre, y del Hijo, y del Espíritu Santo"; donde leemos tres distintos nombres y no uno sólo, lo hicieron —bien o no— con el propósito de señalar esta "unidad", que es mucho más profunda que la unidad que puede haber en la reunión de tres personas humanas. Hay declaraciones, como las que expresó Jesús que parecen acercarse más a una pluralidad divina que otras, según el punto que quiso destacar para cada público.

Hay revelaciones donde los profetas no entendieron todo lo que escribieron; y a veces sus declaraciones se mezclaron con sus prejuicios. Pero también sabemos que la Biblia es la norma infalible, porque no hay "error" humano que no haya sido corregido por otro del Libro sagrado. Entonces, llama la atención que en ninguna parte los profetas —incluso cuando el mismo Señor citó del A.T. al "Dios" plural *'Elohim* (Mar. 12:29)— usan el plural "Dioses", como podrían haberlo hecho. Cabe destacar, sin embargo, que Cristo citó al *'Elohim* de Deuteronomio 6:4 como "Dios" singular, pero junto con dos veces "Señor" para formar el Dios triuno, como vimos.

Cuando el apóstol Santiago se refiere a la misma declaración del A.T., traduce diciendo: "Tú crees que **Dios** (*Theos*) es uno; bien haces" (Sant.2:19). Tampoco aquí, al Dios plural *'Elohim* se lo traduce como "Dioses". Sin embargo, no hay en todo el N.T. una declaración correctora que diga que no debe escribirse así. Por lo tanto, cuando la Biblia se refiere al Dios verdadero, debemos entender que Dios plural *'Elohim* no significa Dioses.

De paso, es oportuno hacer notar que en ninguna parte de la Biblia se emplean las tan difundidas expresiones: "triteísmo", "monoteísmo", y aún "Trinidad", pues ahora vemos que ninguna de estas posiciones humanas se ajusta plenamente a la Revelación. Con todo eso, preferimos evitar alborotos innecesarios dentro del cristianismo, aceptando la palabra "Trinidad", aunque no dándole el sentido de tres y uno al mismo tiempo, porque serían espíritus de un Espíritu, sino de tres en uno, porque son verdaderas personas corpóreas en unión de pensamiento y acción (*'ekjad*). Esto es lo que dice claramente la Revelación. Lo demás es palabra humana.

Últimas conclusiones:

1° Creemos en un Dios plural, pero no en tres Dioses. Cada uno de los tres es verdadero Dios (*'El*), pero están unidos formando "un solo Dios" (*'Elohim*). Y como el concepto humano del triteísmo no toma en cuenta todas las revelaciones inspiradas, no podemos aceptarlo sin errar las Escrituras.

2° Por eso, la doctrina bíblica de la Deidad no tiene similitud con ninguna de las decisiones conciliares, ni ninguna de las propuestas humanas conocidas hasta hoy desde la muerte de los apóstoles. Con esto no quiero dejar la idea de que este estudio de la Deidad sea completo y perfecto, ni mucho menos. Pero espero que sea de estímulo para un estudio más profundo en el mundo cristiano.

3° Además, esta verdad distintiva debe seguir los métodos que emplearon Cristo y los profetas, es a saber: presentarlo con humildad sin causar innecesarios enfrentamientos o producir confusión en la cristiandad. Y sobre todo, manteniendo la fidelidad máxima a la Palabra de Dios.

Que la perfecta unidad de Dios el Padre, Dios el Hijo y el Dios Espíritu, sea un ejemplo para la unidad que Dios espera de nosotros, amén.

*

I want morebooks!

Buy your books fast and straightforward online - at one of world's fastest growing online book stores! Environmentally sound due to Print-on-Demand technologies.

Buy your books online at
www.morebooks.shop

¡Compre sus libros rápido y directo en internet, en una de las librerías en línea con mayor crecimiento en el mundo! Producción que protege el medio ambiente a través de las tecnologías de impresión bajo demanda.

Compre sus libros online en
www.morebooks.shop

KS OmniScriptum Publishing
Brivibas gatve 197
LV-1039 Riga, Latvia
Telefax: +371 686 204 55

info@omniscriptum.com
www.omniscriptum.com

Printed by Books on Demand GmbH, Norderstedt / Germany